Presented To.

_____

From.

_____

Date.

_____

결혼 수업

Preparing Your Heart for Marriage

ⓒ 2018 by Gary Thomas
Originally published in English as With: *Preparing Your Heart for Marriage*
by Zondervan, Nashville, TN, USA.
All rights reserved.

This Korean translation edition ⓒ 2021 by CUP, Inc., Seoul, Republic of Korea.
Published by arrangement with The Zondervan Corporation L.L.C.,
a subsidiary of HarperCollins Christian Publishing, Inc.
through rMaeng2, Seoul, Republic of Korea.

이 한국어판의 저작권은 알맹2를 통하여 HarperCollins Christian Publishing, Inc.와 독점 계약한 도서출판 CUP에 있습니다.
신 저작권법에 의하여 한국 내에서 보호 받는 저작물이므로 무단 전재와 무단 복제를 금합니다.

결혼 수업
Preparing Your Heart for Marriage

지은이	게리 토마스
옮긴이	윤종석
펴낸이	김혜정
디자인	홍시 송민기
마케팅	윤여근, 정은희
출간일	1쇄 인쇄 2021년 10월 08일
	2쇄 발행 2024년 11월 12일
펴낸곳	도서출판 CUP
출판신고	제2017-000056호(2001.06.21.)
주소	(04549) 서울특별시 중구 을지로 148, 8층 803호 (을지로3가, 중앙데코플라자)
전화	02) 745-7231
팩스	02) 6455-3114
이메일	cupmanse@gmail.com
블로그	www.cupbooks.com
페이스북	facebook.com/cupbooks
인스타그램	instagram.com/cupmanse/

ISBN 979-11-90564-29-8 03230 Printed in Korea
* 파손된 책은 구입하신 서점에서 교환해 드리며 책값은 뒤표지에 있습니다.

결혼 수업

---- & ----

Preparing Your Heart for Marriage

게리 토마스 Gary Thomas | 윤종석 옮김

결혼을 약속한 커플을 위한 아주 특별한 선물

결혼 전 서로에게 꼭 필요한 대화들

Preparing Your Heart
for Marriage

—Devotions for Engaged Couples—

Gary Thomas

차례

축하합니다! • 10

Part 1 하나님이 계획하신 결혼

- **01** 결혼의 기쁨을 경축하며 • 19
- **02** 하나님의 발상 • 29
- **03** 종착지가 아니라 여정이다 • 37
- **04** 새로운 차원 • 45
- **05** 서로 꿈을 이루어 주라 • 53
- **06** 가장 중요한 부분 • 59
- **07** 비밀이여, 안녕! • 67
- **08** 짝꿍의 관심사에 열정을 가지라 • 75
- **09** 기쁨은 당신의 친구다 • 85
- **10** 수고로운 결혼 생활 • 93
- **11** 성을 소중히 여기라 • 99
- **12** 최고의 선물 • 107
- **13** 거짓말을 믿지 말라 • 115
- **14** 결혼은 팀 스포츠다 • 121
- **15** 다른 영혼을 유혹하는 죄 • 129
- **16** 최고의 본보기 • 137

Part 2 서약 준비

17 당신이 받으려는 선물 • 149
18 '나'에서 '우리'로 가는 여정 • 155
19 사랑으로 서로 종노릇하라 • 163
20 서로 챙겨 주라 • 169
21 가장 높은 자리 • 175
22 병 들었을 때나 건강할 때나 • 181
23 모든 면에서 배타적인 관계 • 187
24 멧비둘기 사랑 • 193

Part 3 혼인 서약

25 자신의 선택에 책임지라 • 205
26 한 몸 • 213
27 결혼의 신비 • 223
28 넉넉히 이기느니라 • 229
29 돈, 돈, 돈 • 237
30 다시 배고파질 때 • 245

결혼식 당일의 묵상: 신부 편 • 253
결혼식 당일의 묵상: 신랑 편 • 257
주 • 261
감사의 말 • 263

아내를 얻는 자는 복을 얻고 여호와께 은총을 받는 자니라.

―잠언 18장 22절

목사로서 결혼 주례를 많이 해 보았지만, 결혼식은 언제 보아도 질리지 않는다. 결혼식에는 두 사람을 하나로 만드시는 하나님의 놀라운 기적―가볍게 하는 말이 아니다―과 영적 위력이 넘쳐난다. 당신과 함께 이 책을 읽는 사람은 결혼식 날 이후로 독특하게 늘 당신의 일부가 될 것이다.

결혼하기로 한 당신의 중대 결심에 그래서 먼저 축하를 보낸다. 결혼을 약속한 당신은 온갖 약속과 희망과 기쁨과 기대감으로 부풀어 있다. 평생 가장 바쁠 때 중 하나일 수도 있다. 예식 준비와 그에 따른 온갖 결정은 사람에 따라 창업이나 교회 개척은 물론 책 집필보다 더 힘들게 느껴질 수 있다. 이 바쁘고도 특별한 시기에 이 책을 통해 영적인 부분과 마음을 함께 나누고 준비하게 된 커플에게 박수를 보낸다.

결혼 준비로 바쁘겠지만, 데이트 하는 중에 시간을 정하여 이 책을 함께 읽으며, 앞에 놓인 영적 우선순위와 결혼에 대해 나누어 보라. 그러면 더 풍성하고 탁월한 결혼 생활을 가꾸어 갈 수 있을 것이다. 이 책의 대상은 아직 특정인과 결혼해야 할지를 고민하거나, 그 결정에 도움이 필요한 사람들이 아니다. 그 단계의 커플들에게는 《연애학교》(CUP 역간)를 권한다. 이번 책은 이미 배우자가 결정된 상태에서 함께 성장하려는 이들, 나아가 결혼식이라는 그 특별한 날과 이후의 결혼 생활을 준비하려는 이들을 돕기 위한 것이다.

전반부(1부)에는 결혼하기 전에 꼭 알아야 할 다양한 주제를 다루었다. 결혼 생활에 성공하려면 무엇을 어떻게 하느냐 못지않게 어떤 사람이 되느냐가 중요하다. 그래서 1부는 두 사람이 서로 가까워지면서 주님 안에서 자라 가도록 꾸몄다. 후반부(2~3부)는 전통적 혼인 서약의 의미와 마음가짐의 준비에 전적으로 집중했다. 예식 때 꼭 그런 표현을 쓰지 않더라도 이런 약속으로 대변되는 진리는 유서 깊고 풍요롭다. 그런 진리와 혼인 서약에 함축된 의미에 대해 함께 대화하고 기도하면 결혼식이 더욱더 특별하고 의미 있어질 것이다. 단어 하나까지도 잘 아는 상태에서 서약하게 되므로 두 사람이 하나가 되는 기적의 현장에 더 능동적으로 함께할 수 있다.

결혼 전의 여러 수고에 이 책을 함께 나누기로 한 것은 무엇보다 지혜로운 일이다. 그리스도와 함께, 또한 서로 간에 더 가까워지려 애쓰는 커플에게 하나님이 영적으로, 또한 모든 상황 가운데서 함께하시고 복 주시기를 기도한다.

Part 1

하나님이 계획하신 결혼

God's Plan for Marriage

결혼을 약속한 커플에게

분명 결혼을 앞둔 두 사람은 서로 가슴 설레는 사이겠지만, 결혼에 준비되어 있어 더는 성장이 필요 없을 만큼 '다 갖추어진' 사람은 없다. 이 책은 결혼을 약속한 커플의 마음을 준비하도록 돕기 위한 것이다. 장래의 남편 또는 아내에게 최선의 배우자이자, 서로가 계속 성숙해 가는 관계를 선물하고자 함이다.

20년의 결혼 사역과 30년이 넘는 나의 결혼 생활을 통해 확신하건대, 두 사람이 그리스도와 더 가까워질수록 서로 간에도 더 가까워질 수 있다. 그리스도의 덕목과 성품을 닮아갈수록 결혼 생활도 더 풍요롭고 행복해진다.

결혼의 기쁨을 경축하며
01

많은 물도 이 사랑을 끄지 못하겠고 홍수라도 삼키지 못하나니 사람이 그의 온 가산을 다 주고 사랑과 바꾸려 할지라도 오히려 멸시를 받으리라.

—아가 8장 7절

결혼 지지자로서 나도 세상에 둘째가라면 서러울 사람이지만 페이스북에 "결혼해서 제일 좋은 점은 무엇입니까?"라는 질문을 올려 보니 결혼 지지자가 아주 많았다. 이미 결혼한 사람들이 말하는 결혼의 수많은 장점을 들어 보면 결혼을 준비하는 당신에게 격려가 될 것이다. 나는 결혼 지론자다. 결혼에 대한 내 책에 썼듯이 결혼은 매우 좋고 유익하다.

결혼을 좋아하는 내가 결혼해 보니 역시 좋다. 재미있는 부분과 쉬운 부분과 즐거운 부분도 좋지만 힘든 부분도 좋다. 나를 좌절시키는 부분 덕분에 자신과 배우자를 더 깊이 이해할 수 있다. 고통스러운 부분 덕분에 혐오스러운 내 모습을 십자가에 못 박을 수 있다. 그런 부분들 덕분에 어쩔 수 없이 무릎을 꿇는다. 무조건 더 애쓸 게 아니라 하나님의 사랑으로 사랑하는 법을 배워야 함을 깨우친다. 결혼 생활은 나를 더 깊은 차원의 이해, 더 결연한 예배, 존재하는지도 몰랐던 교제의 의미로 이끌어 주었다.[1]

이처럼 결혼 생활은 힘들 수도 있으나 좋을 때는 **아주** 좋다. 질리언은 페이스북에 "결혼 생활은 어려워요. 이기적으로 행동할 때 특히 그렇지요. 하지만 무엇과도 바꿀 수 없는 즐거움이기도 해요"라고 댓글을 적었다.

아주 비참한 결혼 생활을 목격한 수많은 독신자가 내게 "위험을 감수하고라도 결혼할 만한 가치가 있습니까?"라고 묻는다. 그래서 내 페이스북에 결혼의 유익을 자랑해 보라고 기혼자들에게 부탁했다. 결혼해서 **제일 좋은** 점이 무엇이냐는 물음에 가장 많이 나온 답은 "우정, 동반자, 함께 나누는 삶"이었다. 전도서 4장 9~12절에 결혼이라는 선물이 이렇게 그려져 있다.

두 사람이 한 사람보다 나음은 그들이 수고함으로 좋은 상을 얻을 것임이라. 혹시 그들이 넘어지면 하나가 그 동무를 붙들어 일으키려니와 홀로 있어 넘어지고 붙들어 일으킬 자가 없는 자에게는 화가 있으리라. 또 두 사람이 함께 누우면 따뜻하거니와 한 사람이면 어찌 따뜻하랴. 한 사람이면 패하겠거니와 두 사람이면 맞설 수 있나니.

둘째로 기혼자들은 하나님을 함께 추구하는 영적 유익을 말했다. 결혼하면 남편이나 아내만 얻는 게 아니라 그리스도 안의 형제나 자매와 함께 산다. 이런 차원의 책임과 격려와 감화는 배우자 이외에 누구와의 사이에서도 경험할 수 없다. 히브리서 3장 13~14절이 생각난다. "오직 오늘이라 일컫는 동안에 매일 피차 권면하여 너희 중에 누구든지 죄의 유혹으로 완고하게 되지 않도록 하라. 우리가 … 그리스도와 함께 참여한 자가 되리라."

셀리는 결혼 생활의 영적 유익에 대해 이렇게 썼다.

결혼한 덕분에 이전에 상상도 못했을 정도로 하나님과 더 가까워졌어요. 먼저 그분과의 관계가 견고해지니까 내 가장 좋은 친구인 남편을 더 그분의 눈으로 보게 되면서, 자연히 남편을 향한 사랑도 그리스도와 연결되어 더 깊고 유의미해졌지요. 결혼하지 않았다면 하나님과의 관계나 대인관계가 지금보다 덜 풍요로웠을 거예요.

셋째로 기혼자들은 부부간의 경이로운 성적 친밀함을 칭송했다. 거기에는 놀라운 영적 결속과 유대 관계와 신기한 신체 감각이 수반되며, 이후의 희열에 찬 친밀감은 말할 것도 없다. 부부의 성적 친밀함에 근접할 만한 황홀감은 인생에 별로 없다. 다음은 아가서 5장 1절의 예찬이다.

> 내 누이, 내 신부야, 내가 내 동산에 들어와서
> 나의 몰약과 향 재료를 거두고
> 나의 꿀 송이와 꿀을 먹고
> 내 포도주와 내 우유를 마셨으니
> 나의 친구들아, 먹으라.
> 나의 사랑하는 사람들아, 많이 마시라.

서로 든든한 뒷배가 되어 주는 것도 페이스북 응답자들이 꼽은 결혼의 또 다른 유익이다. 스티브와의 결혼 생활을 담아 낸 린지의 표현이 참 좋다. "세상과 집안과 친구와 심지어 교회가 나를 어떻게 대하든 늘 남편이 뒤에 있어 든든해요. 내가 잘못했을 때도 남편만은 나를 사랑하니까요. 서로 한편임을 아니까 마음이 평안해요."

리드도 남자 입장에서 비슷하게 배우자를 칭찬했다. "온종일 세파에 시달리다 집에 오면 아내의 따뜻한 포옹과 친절이 나를 기다립니다. 아내는 진심으로 나를 지켜 주고 한 팀이자 일체인 우리 관계를 지키지요."

그밖에 사람들이 말한 결혼의 유익은 다음과 같다.

- 경사든 궂은 일이든 누구에게 맨 먼저 알려야 할지를 안다.
- 질병, 실직, 사랑하는 이의 죽음 등 삶의 역경에 함께 맞서 나간다.
- 함께 축하할 사람이 있다.
- 둘 사이에만 통하는 농담이 무궁무진하다.
- 고요한 저녁이나 아침나절에 아무것도 하지 않을 때도 **함께** 있을 수 있다.
- 함께 늙어 간다.
- 자녀를 기르는 일을 분담한다.

앨리슨은 "경청하는 관계예요! 속에 쌓인 걸 풀어야 하거나 생각을 나누고 싶거나 질문이 있을 때 서로 들어 주니까 너무 좋아요!"라고 덧붙였다. 리노는 "삶의 모든 일을 함께 겪다 보니 … 혼잡한 공간에 저만치 떨어져 있어도 서로 눈빛만으로도 '집에 가요'라고 말할 수 있습니다"라고 썼다.

내 경우는 축복할 상대가 있다는 점이 참 좋은데, 똑같이 말한 사람이 몇 있었다. 성경에 선한 일에 힘쓰라고 명한 대로(딛 3:8,14) 배우자의 삶을 더 편하거나 즐겁게 해 주는 행위는 큰 기쁨이다. 하나님을 예배하며 은혜 가운데 살면 남들을 사랑하며 섬길 수밖에 없다. 성령께서 복을 끼치는 삶으로 인도하시기 때문인데 결혼 생활은 이를 실천하는 가장 직접적인 장이다.

앨리슨이 결혼의 경이를 누구 못지않게 잘 표현했다. 실제로 워낙 아름답고도 사실적이어서 이번 묵상은 그녀의 말로 마무리하자.

> 제일 좋은 게 무엇인지 올여름에 깨달았습니다. 그레그는 남아서 일하고 아이들하고만 친정에 간 적이 있었는데 며칠만 지나면 집이 그리워 어서 가고 싶은 거예요. 그런데 올여름에 우리 다섯 식구가 여행할 때는 거의 두 주간인데도 한시도 집 생각이 나지 않더군요. 한번은 저녁때 그레그를 보며 당신이 내 **집**이라고 말해 주었어요. 남편이 있는 곳이면 어디든 내 집이니까요. 집으로 대변되는 것

들을 생각해 보면 부부 관계 속에 그게 다 농축되어 있거든요. 한없이 든든한 마음, 사랑, 가족 간의 시간, 안식, 예수님을 만나는 경건의 시간, 삶의 풍파 속에서도 안전한 곳 등인데 바로 그게 내 남편이고 내가 결혼 생활에서 제일 좋아하는 부분이랍니다.

결혼은 멋진 삶의 길이다!

Soul Food

결혼하면
남편이나 아내만 얻는 게 아니라
그리스도 안의 형제나
자매와 함께 산다.

짝꿍과 함께 차를 마시며

- 당신이 여태 목격한 결혼의 좋은 점을 말해 보라. 해당 부부 관계의 어떤 점이 좋았는가? 서로 사랑하는 모습 중 어떤 면에 감동했는가?

- 당신이 결혼에서 가장 기대하는 것 두세 가지는 무엇인가?

하늘에 계신 아버지여, 저희 두 사람을 서로 만나게 하시고 범사에 복이 될 결혼이라는 관계를 창조해 주심에 무한히 감사드립니다. 결혼이 주님께서 주시는 좋은 선물임을 인정하며 주님을 찬송합니다. 예수님의 이름으로 기도합니다. 아멘.

At the touch of love everyone
becomes a poet.

사랑의 손길에 모든 사람은 시인이 된다.

— 플라톤 Plato —

하나님의
발상

02

이러므로 남자가 부모를 떠나 그의 아내와 합하여 둘이 한 몸을 이룰지로다.

―창세기 2장 24절

제임스 네이스미스는 농구를 창시했다.

미국에서 풋볼이라 불리는 종목의 출현에는 월터 캠프라는 예일 의대생의 공로가 가장 컸다.

야구의 기원은 좀 더 모호하다. 전통적으로 애브너 더블데이에게 명예가 돌아갔으나 이제 역사가들은 이 스포츠가 대체로 여러 다른 출처에서 점차 단계적으로 진화했다고 본다.

그런데 결혼의 기원은 훨씬 분명해 정확히 언제 누가 창시했는지 우리도 안다. 인간의 존재가 시작되던 때 하나님이 결혼도 창조하셨다. 그분은 첫 남자에게 첫 여자를 주시며 그것이 그들의 기본 관계라고 둘 모두에게 말씀하셨다. "이러므로 남자가 부모를 떠나 그의 아내와 합하여 둘이 한 몸을 이룰지로다"(창 2:24).

정부나 교회나 기업체가 하나도 있기 전에 **결혼**이 먼저 있었다. 종목 불문하고 스포츠팀이 하나도 있기 전이었다.

당신은 하나님이 고안하신 제도에 합류하는 것이며, 그 제도는 태초부터 존재했다.

결혼은 인간의 재간으로 진화된 게 아니다. 수백 년간 이것저것 시도하다 마침내 한 남자와 한 여자의 평생 결합이 사회를 구성하는 최선의 방안이라는 합의점에 도달한 게 아니다. 성경에 따르면 인간이 둘 이상 존재하는데 결혼이 존재하지 않았던 적은 없다. 결혼은 하나님이 생각해 내셨고 대다수 우리도 그분께 동조한다.

우리의 발상이 아니니 결혼 규정도 우리가 정하지 않는다. 일단 결혼에 헌신했으면 실제로 하나님이 설계하신 결혼을 **받아들일** 줄 알아야 한다. 그분이 설계하신 결혼에 순복하는 게 장차 당신에게 얼마나 유익한지는 아무리 강조해도 지나치지 않다.

결혼 생활은 내게 엄청난 기쁨을 가져다주었지만, 늘 쉽거나 즐겁지만은 않다. 게다가 결혼이라는 개념을 배격하는 목소리도 많이 있어, 거기에 귀 기울이면 자신의 결혼 생활이나 결혼하려는 지혜로운 선택에 대해 열정이 식을 수 있다. 결혼 자체가 순전히 하나님의 발상임을 상기하면 힘든 시절을 견디는 데 도움이 된다.

수백 년 전에 마르틴 루터는 결혼을 부정적으로 말하는 여론을 조심하라고 젊은이들에게 경고했다.

루터에 따르면 우리는 하나님이 설계하신 결혼의 참 고결성을 깨달아야만 결혼의 기쁨을 충만하게 경험할 수 있다. '결혼 상태'라는 제목의 평론에 그는 단지 **결혼하는** 것만으로 부족한 이유를 설명했다. '결혼 상태'를 인정해야 한다는 것인데, 루터의 이 말은 우리가 다음 사실을 받아들여야 한다는 뜻이다. 즉 하나님은 결혼 개념을 창조하셨고 인류 대부분의 결혼을 원하신다.

> 결혼 상태를 인정함이란 단지 결혼하는 것과는 사뭇 다르다. 결혼하고도 결혼 상태를 인정하지 않는 사람은 원망과 지겨움과 괴로움 없이는 결혼 생활을 지속할 수 없다. 반드시 불평하게 되어 있다. … 반면에 결혼 상태를 인정하는 이들은 하나님이 결혼을 친히 제정하셨고, 남편과 아내를 짝지어 주셨으며, 자녀를 낳아 기르도록 정하셨음을 굳게 믿는다. 하나님의 말씀에 그렇게 되어 있으며(창 1:28), 그분은 거짓말하실 리가 없다. 그래서 그들은 결혼

상태와 그에 수반되는 모든 행실과 수고와 고생이 하나님을 기쁘시게 한다는 확신이 있다. 사람의 마음이 어떻게 이보다 더 큰 유익과 기쁨과 즐거움을 누릴 수 있겠는가? 자신의 상태와 행실과 수고가 하나님을 기쁘시게 함을 그분 안에서 확신할 때보다 말이다.[1]

결혼 생활이 힘들어질 때 가장 큰 도움이 되는 것은 바로 하나님이 우리를 결혼으로 부르셨다는 그 확신이다. 루터가 우리에게 기억하라고 촉구했듯이 **결혼 생활의 가장 힘든 부분조차도** 우리를 향한 하나님의 계획 속에 들어 있음을 알면 기쁨이 된다. 루터는 결혼을 하나님이 창조하셨으니 그분의 자녀로서 그분을 따르는 우리는 결혼의 모든 면을—힘든 부분까지도—다 받아들여야 한다고 보았다. 그렇게 우리를 기르시고 사회를 세우시는 게 그분의 뜻이자 설계임을 알기 때문이다. 루터는 그것을 이렇게 요약했다.

> 이런 말을 하는 이유는 하나님이 정해 주신 상태로 살아가는 게 얼마나 명예로운 일인지 우리가 알았으면 해서다. 그 안에 하나님의 말씀과 선한 쾌락이 있으며, 이로써 결혼 상태에 따르는 모든 수고와 행실과 고생은 거룩하고 경건하고 고귀해진다. 그래서 솔로몬도 그런 남자에게 축

하하며 잠언 5장 18절에 "네가 젊어서 취한 아내를 즐거워하라"라고 했고, 또 전도서 9장 9절에 "네 헛된 평생의 모든 날[에] … 네가 사랑하는 아내와 함께 즐겁게 살지어다"라고 했다. 결혼 생활이 자못 고달픈 이들에게 솔로몬이 … 경건하게 위로해 준 것이다.[2]

결혼식을 앞두고 있는 당신에게 책임지고 환기하고 싶은 사실이 있다. 하나님이 결혼을 한 남자와 한 여자가 백년해로할 제도로 설계해 창조하셨다는 것이다. 그분이 우리를 창조하시고 결혼으로 부르셨기에 결혼 상태는 거룩하고 의로우며 영적으로 건강한 상태다. 그러므로 모든 기쁨과 시련, 모든 위안과 고생, 모든 행복과 고통까지 다 포함해서 결혼은 선하다.

사랑하는 약혼자의 손을 잡고 결혼이 하나님의 창조적 발상임을 기억하고 나누어 보자. 서로에게 헌신할 뿐 아니라 남은 평생 그분의 설계와 뜻에 순복하기로 다짐해 보자.

Soul Food

결혼 자체가
순전히 하나님의 발상임을 상기하면
힘든 시절을 견디는 데
도움이 된다.

짝꿍과 함께 차를 마시며

- 법적 계약으로 보는 결혼과 하나님이 설계하신 언약 속에 들어가는 결혼은 어떻게 다르다고 보는가?

- "그 낡은 족쇄를 차려는 건가?" "즐길 수 있을 때 자유를 즐기게!" "이 좋은 독신 생활을 왜 포기하려는 거지?" 결혼식 날을 앞둔 당신에게 사람들이 그렇게 말할 때 당신은 어떻게 건강하게 반응할 수 있겠는가? 이제 결혼 '상태'가 하나님에게서 기원함을 알았으니 어떻게 하면 그것을 당신 자신도 가장 잘 받아들이고, 결혼을 폄훼하는 이들에게도 가장 잘 알릴 수 있겠는가?

하늘에 계신 아버지여, 주님은 자비롭고 너그러우신 하나님임을 주님의 말씀을 통해 압니다. 우리를 불러 결혼하고 자녀를 기르게 하실 때도 주님은 그게 늘 쉽지만은 않지만 힘든 시절에조차 목적과 의미가 있음을 아십니다. 결혼을 주님이 창조하셨으며, 서로 서약한다는 개념도 우리 삶을 향한 주님의 계획에 순복하는 것임을 인정합니다. 서로에게만 아니라 주님 앞에 서약하는 그날을 평생 잊지 않게 도와주소서. 예수님의 이름으로 기도합니다. 아멘.

종착지가 아니라
여정이다
03

> **피차 권면하고 서로 덕을 세우기를 너희가 하는 것같이 하라.**
>
> —데살로니가전서 5장 11절

미혼자들을 위한 나의 책 《연애 학교》에는 배우자감을 고를 때 찾아야 할 부분과 피해야 할 부분에 관한 조언이 많이 나오는데, 그 책에 대해 내가 자주 받는 질문 중 하나는 이것이다. "책에 나오는 그런 사람을 찾지 못하면 어떻게 하죠?"

이렇게 묻는 미혼자들은 결혼을 근본적으로 오해하고 있는 부분이 있다. 결혼은 **종착지**가 아니라 **여정**이다. 이 말이 무슨 뜻이며 어떤 차이를 낳는지 설명하기 위해 당신에게 두 가지만 묻겠다.

당신이 상상했던 장래의 배우자는 어떤 사람인가?

지금의 약혼자는 그 가상의 배우자와 얼마나 비슷한가?

《개인 기도》(홍성사 역간)에서 C. S. 루이스는 한 친구에게 이렇게 말한다. "자네나 나나 행복한 결혼을 경험으로 알고 있네. 그런데 자네나 나나 지금의 아내는 우리가 사춘기 때 꿈꾸던 상상 속의 애인과는 얼마나 다른가! 우리의 모든 바람에 절묘하게 들어맞기에는 턱없이 부족하지. 그런데 (다른 이유도 있겠지만) 바로 그렇기 때문에 오히려 비할 나위 없이 더 좋거든."[1]

현실은 결코 상상하는 것과 같지 않다. 이 말을 우리는 현실이 당연히 상상보다 못하다는 뜻으로 받아들인다. 그런데 루이스의 말마따나 비록 이론상으로는 현실이 안성맞춤 같지 않아도 실제로는 상상보다 훨씬 낫다.

어떻게 그럴까?

타락한 세상에서의 성취란 어차피 불완전하다. 배우자를 '꿈꿀' 때 우리는 극복해야 할 문제가 아니라 이미 이긴 전투를 꿈꾼다. 싸움이 아니라 승리를, 회의의 순간이 아니라 황홀경을 꿈꾼다. 오해의 풍랑이 아니라 애정의 순간을, 등 돌린 외로운 밤이 아니라 친밀함을 꿈꾼다. 그러나 실제로 결혼은 다분히 전투와 싸움과 회의와 풍랑으로 이루어진다. 그런 도전을 극복해야만 하기에 우리는 성장한다. 그런 도전이 존재하기에 극복 과정이 더욱더 감미롭고 풍부하고 순수해지며, 결국 성취감도 깊어진다.

그래서 "이런 배우자감을 어디서 구합니까?"라는 질문에는 결혼이 **종착지**가 아니라 **여정**이라는 이해가 결여되어 있다. 결혼은 서로와 하나님과 성장과 성숙을 향한 여정이고, 어쩌면 자녀를 향한 여정이며, 결국은 천국을 향한 여정이다. **여정을 즐기라**. 아직 종착지에 도달하지 않았다는 이유로 여정 자체가 퇴색되어서는 안 된다. 장애물 극복은 모든 결승전의 한 부분이다.

이 글을 쓰는 현재 결혼 33년 차인 내가 솔직히 고백하건대 결혼 생활이 지금보다 달콤했던 적은 없다. 우리 부부도 초기에 몇 번 힘든 시절이 있었지만, 지금의 나는 그냥 자전거를 타다가, 또는 아내의 미소에 정확히 떨어지는 햇살을 보며 순간순간 넋을 잃곤 한다. 아내는 내 삶의 기쁨이다. 하지만 이렇게 되기까지는 긴 여정이었다. 결혼 생활은 내 평생 가장 행복한 순간을 많이 가져다주었지만, 늘 행복으로 일관되거나 계속 더 행복해지기만 한 것은 아니다. 당신도 도중에 실패처럼 느껴지는 음침한 골짜기를 몇 군데 통과해야 할 수도 있다.

독자 중에 기대치가 높은 이들은 배우자를 현명하게 골라서 천국의 유산을 당장 누리려 한다. 그러나 미리 경고하거니와 천국에 가는 유일한 길은 결혼이 아니라 죽음이다. 이 땅에서는 천국을 향해 나아갈 뿐이며, 많은 이들처럼 나도 평생의 동반자와 함께 가는 게 더 좋다. 상대에게 부족한 면이 있더라도 말이다.

장래의 배우자에게 당신의 종착지—흔히들 생각하는 가상의 배우자로서 당신을 완성해 주고, 매사를 더 좋게 해 주고, 항상 완전한 만족감을 주는 존재—가 되어 달라고 요구한다면, 이는 당신의 기대치로 상대를 매장하는 행위다. 그러다 배우자의 건강이라도 나빠져 본인이 불편해지면 원망이 싹튼다. 당신이 선택하는 것은 종착지가 아니라 길동무요 함께 성장할 수 있는 사람이다. 결혼의 기쁨은 전투가 없어지는 게 아니라 전투에 혼자 맞설 필요가 없다는 것이다.

결혼하면 금방 알게 되겠지만 가상의 배우자가 실생활에 존재하지 않는 이유 중 하나는 관계상의 모든 강점에 그에 상응하는 약점도 따라오기 때문이다. 인내심이 많은 남자는 때로 약간 너무 수동적일 수 있다. 재미있는 여자는 때로 약간 너무 무책임할 수 있다. 경건한 남자는 때로 아내가 싫다는데도 감시하는 인상을 줄 수 있다. 정리를 잘하는 아내는 통제 욕구를 느낄 수 있다. 이처럼 관계의 명암이 있기에 성장이 가능해진다.

그래서 당장 종착지에 도달하려는 환상을 버려야만 점진적 변화의 여정에 오를 수 있다. 실상보다 허깨비를 더 바라는 한 당신은 결혼할 준비가 되지 못한 것이다.

배우자의 강점뿐 아니라 약점도 받아들여야 함을 잊지 말라. 그런 자세를 품어야만 "피차 권면하고 서로 덕을 세우"는 소명에 충실할 수 있다(살전 5:11). 배우자가 가끔 넘어지지 않고서야 상대에게 권면하고 덕을 세울 일도 없다. 대체로 결혼의 관건은 서둘러 낙원에 들어가기보다 서로를 다시 일으켜 세워 주는 데 있다.

Soul Food

결혼의 기쁨은
전투가 없어지는 게 아니라
전투에 혼자 맞설 필요가
없다는 것이다.

짝꿍과 함께 차를 마시며

- 두 사람이 각각 이전에 상상했던 장래의 배우자는 어떤 사람이었는지 잠시 대화해 보라. 지금의 약혼자는 그 가상의 배우자와 어떤 점이 비슷하고 어떤 점이 다른가?

- 당신은 결혼 생활이 쉽기만을 바라고 기대하는 사람인가? 마음에 낙심되거나 몸이 아플 때는 서로 권면하고 덕을 세워야 하는데, 자신이 이런 영적 도전에 준비되어 있다고 보는가?

- 결혼을 종착지가 아니라 여정으로 보는 게 왜 중요한가?

하늘에 계신 아버지여, 장래의 배우자를 여정의 길동무로 받아들여 우리 삶을 향한 주님의 뜻을 함께 이루어 가게 하소서. 분명히 힘들 때도 있고, 서로 속상하게 할 때도 있고, 결혼 생활이 고역의 연속으로 느껴질 날도 있을 것입니다. 그런 순간까지도 결혼의 목적의 한 부분으로 받아들이게 도와주소서. 그리하여 삶이 우리를 무너뜨리려 할 때마다 서로 권면하며 덕을 세우게 하소서.

You know you're in love when you can't fall asleep
because reality is finally better than your dreams.

마침내 꿈보다 현실이 좋아져서 잠에 들수 없을때
당신은 당신이 사랑에 빠졌다는 것을 알수 있습니다.

─ 닥터 수스 Dr.Seuss ─

새로운
차원
04

그러므로 그리스도께서 우리를 받아 하나님께 영광을 돌리심과 같이 너희도 서로 받으라.

―로마서 15장 7절

대륙 간의 거리만큼이나 연애 기간과 결혼은 큰 차이가 있다. 결혼하면 마음과 생각을 의식적으로 재조정해야 한다. 그래야 전혀 새로운 차원의 관계에 들어갈 수 있다.

연애 단계는 자연스럽고 건강한 평가 기간이다. 잘 맞는 사이인지 보려고 커플로서 서로 알아 가는 시간이다.

이 사람은 믿을 만한가?

신앙이 진실한가?

이 여자는 책임감이 있는가?

이 남자는 좋은 아빠가 될까?

남은 평생 날마다 함께 지내고 싶은 사람인가?

이 모두가 건강하고 꼭 필요한 질문이다. 서로의 손가락에 반지를 끼워 주며 "예"라고 서약하기 전까지는 그런 질문이 완전히 다 끝나지도 않는다. 그러나 성혼이 선포되고 폐백도 마쳐 신방을 차리고 나면 **모든 게 달라진다.** 이제 평가는 종료되어야 한다. 그동안 서로 놓쳤던 부분이 새로 눈에 띌 것이다. 마음에 안 들거나 실제로 약간 무섭기까지 한 새로운 면도 알게 될 것이다. 그러나 이제 문제는 경주에 나설지 여부가 아니라 어떻게 경주를 지속할 것이냐.*

세계적으로 유명한 컴레이드 마라톤 대회는 남아프리카 공화국에서 개최되는 90km 구간의 경주다. 노선은 같은데 해마다 방향이 바뀌어 각각 '오르막' 해와 '내리막' 해로 불린다. 어느 방향이든 경사가 심해서 다른 성질의 고통이 따른다. 사람마다 원하는 해를 골라서 달리면 된다. 메달도 똑같고 결승선까지 허용되는 시간도 똑같이 12시간이다. 어느 쪽을 택하든 부끄러울 필요가 없다. 그러나 일단 총성이 울리면 자신이

---

* 이 말이 폭력을 관용하라는 의미가 아님을 분명히 하고 싶다. "서로 용납하라"라는 말씀은 폭력이나 학대를 용납 한다는 뜻이 아니다.

택한 경주를 완주해야 한다.

결혼식 날도 그와 같다. "이제 두 사람이 부부가 되었음을 선포합니다"라는 목사의 말은 출발을 알리는 총성이다. 당신은 결혼 상대를 정함으로써 노선을 택한 셈이다. 이 선택에 일정한 도전이 따라온다. 사랑하기 쉽기만 한 대상은 아무도 없으니 말이다. 누구나 서로 맞추어 나가야 한다. 그러니 자꾸 이렇게 되뇌라. "이게 내가 택한 노선이며 지금 재평가하기에는 너무 늦었다. 이제부터는 달리기에 집중해야 한다."

영적으로 당신은 장래의 배우자를 있는 그대로 받을 준비가 되어 있는가? 알다시피 상대는 완전하지 못하며, 따라서 이제 부족한 대로 더불어 살아가는 법을 배워야 한다. 외향적인 익살꾼 남편과 결혼해 놓고서 사교 모임에서 남편의 말소리가 크다고 불평해서는 안 된다. 내성적이고 수줍은 아내와 결혼해 놓고서 장시간의 잦은 파티를 즐기지 못하는 아내를 답답해해서는 안 된다. 예비 배우자가 배우자로 바뀌고 나면 상대의 문제는 곧 **당신의** 문제다. 그대로 더불어 살며 상대를 자신의 새로운 현실로 수용해야 한다.

이미 선택한 배우자를 결혼식이 끝난 뒤에 재평가해 봐야 덧만 된다. 부부 관계를 발전시키는 데 필요한 에너지만 소진된다. 그래서 **결혼 전의** 신중하고 현명한 평가와 수용이 그토록 중요하다. 결혼식 이전에는 필수이던 평가(지혜로운 충고와 조언을 구하는 일도 포함된다)가 그날 이후로는 독이 될 수 있다.

혼전 커플을 상담할 때 내가 즐겨 하는 일이 하나 있다. 각자 상대의 가장 큰 약점을 세 가지씩 찾아내게 하는 것이다. 약점이 하나도 생각나지 않는다면 결혼할 정도로 서로를 잘 알지 못하는 것이다. 적어도 세 가지는 누구에게나 있으니 말이다. 취지는 각 커플을 앞서 말한 영적 수용의 자리로 이끄는 데 있다. 자신의 선택임을 인정하는 커플은 결혼 후에 약점이 드러날 때 그 선택을 재평가하는 게 아니라 수용할 수 있다.

늦는 버릇이 있던 남자가 결혼했다는 이유만으로 갑자기 시간을 잘 지키지는 않는다. 중독자가 아내로 서약한다 해서 중독이 치료되지도 않는다. 평생 그 취약점을 둘이 함께 품고 살 뿐이다. 사교와 파티를 즐기는 사람이 집에만 있는 사람과 결혼한다 해서 두문불출이 즐거워지는 것은 아니다.

인간은 대개 변하지 않으므로 당신의 마음이 바뀌어야 한다. 이렇게 생각하는 법을 익혀야 한다. '내가 선택한 사람이다. 어떻게 있는 그대로의 이 사람과 함께 최선의 삶을 가꾸어 갈 수 있을까?'

이렇게 볼 수도 있다. 당신은 새 집을 짓는 사람인데 결혼식 날 건축 자재가 전부 배달되었다. 다시 매장에 나가 신규 자재를 사올 수는 없다. 마당에 부려진 재료로 최선의 집을

지어야 한다. 그게 벽돌이면 벽돌집을 지을 수 있지만 그렇지 않다면 목재로 만족해야 한다. 벽돌을 배달시키지 않은 선택을 후회할수록 그만큼 시간과 에너지만 낭비된다. 그보다는 전력을 다해 앞에 놓여 있는 자재로 최대한 아름답고 실용적인 집을 지어야 한다.

Soul Food

결혼식 이전에는
필수이던 평가가 그날 이후로는
독이 될 수 있다.

짝꿍과 함께 차를 마시며

- 약혼자의 가장 큰 약점을 세 가지만 적어 보라. 이런 약점을 받아들이고 앞으로 계속 배우자를 존중하고 지원하며 귀히 여기기로 다짐하겠는가?

- 현재 당신은 "결혼 상대를 이미 정했으므로 더는 평가가 적절하지 못하다"라고 못 박아 말할 수 있는 상태인가? 만일 그렇다면 자꾸 평가하려는 생각이 들 때 이에 대처할 사고 전략을 세워 보라. 무리하게 욕심내는 자신의 생각을 어떻게 알아차려서 무엇으로 대체하겠는가?

- 당신이 스포츠팀이나 직장에서 늘 평가받으며 자칫 퇴출당할 수 있는 상태로 살아간다고 상상해 보라. 하루라도 성과를 내지 못하면 회사나 팀에서 쫓겨날 수 있다. 이번에는 파기될 수 없는 종신 계약과 그로 인한 평안과 안정감과 행복을 떠올려 보라. 그런 종신 계약을 장래의 배우자에게 베풀겠는가? 그 안정성을 어떻게 당신의 말과 행동으로 한층 더 보강하겠는가?

아버지여, 이제 결혼 상대를 만났으니 우리 마음이 평가와 비판에서 감사와 격려로 옮겨 가게 도와주소서. 불길한 가정이나 무리한 욕심은 일체 버리고 이 연합을 최대한 잘 살리는 데 집중하게 하소서. 예수님의 이름으로 기도합니다. 아멘.

The important thing was to love
rather than to be loved.

중요한 것은 사랑을 받는 것이 아니라 사랑을 하는 것이었다.

─서머셋 모음 Somerset Maugham─

서로 꿈을
이루어 주라
05

각각 자기 일을 돌볼 뿐더러 또한 각각 다른 사람들의 일을 돌보아.

―빌립보서 2장 4절

우리 부부가 아직 연애도 하기 전인 아주 **까마득한** 1981년에 인기 많은 듀엣 가수(홀 앤 오츠)의 인기 많은 노래 "내 꿈을 이루어 주는 당신"이 각종 인기 차트를 휩쓸었다.

이 노래 제목 속에 우리 많은 사람의 갈망이 담겨 있다. 내 꿈을 누가 좀 이루어 달라는 것이다. 완벽한 결혼식 날에 대한 꿈일 수도 있다. 완벽한 가정, 완벽한 삶, 완벽한 동반자를 꿈꾸기도 한다. '내 꿈이 무엇이든 간에 부디 당신이 꼭 이루어 주세요.' 이게 우리의 생각이다.

물론 완벽을 꿈꾸면 스트레스가 잔뜩 쌓일 수 있고, 어떤 꿈은 우리 삶을 향한 하나님의 부르심에 비추어 깨끗이 버려야 한다. 그럼에도 결혼의 많은 기쁨 중 하나는 서로 꿈의 지지자를 얻는 것이다. 남편의 꿈은 아내의 꿈이 되고 아내의 꿈은 남편의 꿈이 된다. 빌립보서 2장 4절을 보면 "각각 자기 일을 돌볼 뿐더러 또한 각각 다른 사람들의 일을 돌보"라고 한다.

결혼하는 날부터 당신은 자청해서 배우자의 꿈의 지지자가 되는 셈이다. "어떻게 하면 내가 **당신의** 꿈을 이루어 줄 수 있을까요?" 이게 당신의 태도여야 한다.

서로 꿈을 이루도록 돕는 게 결혼의 관건이지만 양립할 수 없는 꿈들도 있기에 그 꿈을 도울 수 있는지 조율하는 지혜가 필요하다. 내가 상담했던 어떤 부부들의 경우, 아내는 자녀가 어린 동안에는 자녀와 함께 집에 있기를 늘 원했다. 오늘날의 경제 상황에서 이는 많은 계획을 요구하는 일이다. 아내가 원하는 게 그것인데 남편이 그 꿈을 이루어 주려 열심히 애쓰지 않는다면, 아내는 늘 약간의 좌절감과 싸워야 할 것이다.

어떤 아내는 직장 생활과 자녀 양육을 병행하고자 남편의 외조를 바라고 기대할 수 있다. 그런가 하면 남편이 집에서 살림하려는 경우도 있다. 어쨌든 이것만은 명심하라. 서로에게만 아니라 자녀에게도 최선의 것을 주려면 부부가 **둘 다** 희생해야 할 수도 있다.

내가 본 어떤 아내들은 남편이 작가나 사진작가의 길을 추구하는 동안 빠듯한 살림을 감수하며 주로 혼자서 생활비를 벌었다. 어떤 남편들은 아내가 학위 과정을 마칠 수 있도록 두 가지 일을 병행했다. 그런가 하면 별로 마음 내키지 않는 동네나 도시인데도 배우자가 정말 원하는 거주지라서 또는 배우자의 본가가 있는 데라서 기꺼이 그곳에 사는 사람들도 있다.

시간을 내서 서로의 꿈에 대해 대화하되 삶의 모든 영역을 망라하라. 대화의 재미를 살리라. 당신이 늘 하고 싶었는데 자신에게 그만한 역량이 있는지 긴가민가했던 일은 무엇인가? 혹시 배우자의 도움으로 그 꿈을 되살려내 성취할 수 있을까? 꿈을 나눈 뒤에는 서로의 꿈이 양립할 수 있을지 확인해 보라. 결혼이란 서로 꿈을 이루도록 돕고 싶다는 말과 같다. 그러니 이렇게 자문해 보라. "내 삶과 자원과 시간의 상당 부분을 바쳐 배우자의 특정한 꿈이 이루어지도록 도울 의향이 있는가?"

Soul Food

결혼하는 날부터 당신은
자청해서 배우자의 꿈의 지지자가
되는 셈이다.

짝꿍과 함께 차를 마시며

◆ 일생의 꿈 두세 가지를 서로 나누어 보라. 어느 때고 생전에 이루지 못한다면 참으로 실망스러울 그런 꿈 말이다.

◆ 그 꿈들의 우선순위를 어떻게 정하겠는가? 누구의 꿈이 먼저인가? 왜 그런가?

◆ 그 꿈들을 이루기 위한 준비로 **오늘부터** 무언가 실천에 옮겨 보라. 행동을 개시하면 결혼이 더 유의미해진다. 결혼하기도 전부터 그 일이 두 사람을 함께 앞으로 이끌어 줄 것이다.

하늘에 계신 아버지여, 결혼이란 단지 한 집에 사는 게 아니라 함께 가꾸는 삶임을 깨닫습니다. 그런데 꿈의 추구도 삶의 일부입니다. 주님이 지으신 본연의 우리 모습에 가장 잘 어울리고 우리를 향한 주님의 목적에 부합하는 그런 꿈을 알려 주소서. 우리에게 이타적인 마음을 주셔서 각자의 꿈을 돌보듯 서로의 꿈도 참으로 돌보게 하소서. 예수님의 이름으로 기도합니다. 아멘.

가장 중요한
부분
06

> 그런즉 너희는 먼저 그의 나라와 그의 의를 구하라.
> 그리하면 이 모든 것을 너희에게 더하시리라.
>
> —마태복음 6장 33절

탁월한 결혼 생활에 필요한 가장 중요한 기술로 초점 유지를 빼놓을 수 없다. 별로 거론되지 않지만 필수 요소다.

훌륭한 결혼 생활이란 늘 가장 중요한 부분에 제대로 초점을 맞추는 것이다.

내가 결혼을 약속한 커플들에게 제일 먼저 주문하는 일 중 하나는 일주일에 적어도 사흘은 결혼식을 둘의 화제로 삼지 않겠다는 다짐이다. 30~60분이면 끝날 예식이 향후 9개월간 당신의 초점이 되기가 너무 쉽다. 결혼을 기다리는 동안 사실은 결혼식 준비보다 삶의 준비에 더 힘써야 한다.

그렇게 작정하지 않으면, 데이트나 한가한 시간마다 꽃, 식장, 하객 명단, 턱시도, 축가, 축하 파티, 피로연, 음식, 음악 등에 관한 이야기가 주를 이루게 된다. 대화가 강박적이다 보면 초점도 강박적으로 되어 관계의 중심이 관계에서 행사로 바뀐다. 결혼식 날이 다가올수록 자꾸 "정말 이제 얼마 안 남았네?"라는 말만 오간다. 그러면서 시시콜콜한 문제나 누가 못 올까 따위로 걱정한다.

마침내 그날이 오면 결혼식은 시작되는가 싶게 어느새 끝나 버리고 둘은 신혼여행을 떠난다. 처음 이틀은 결혼식을 되짚느라 바쁘다. 누가 왔고 누가 못 왔는가? 잘된 부분은 무엇이고 웃겼던 대목은 어디인가? 누구는 이런 말을 하고 누구는 저런 행동을 했다니 정말인가? 그러다 신혼여행 사흘째가 되면 결혼식 이야기도 밑천이 다 떨어진다.

몇 달째 관계의 기초가 되었던 행사가 끝났다.

이제 무슨 대화를 할 것인가?

비단 대화만이 아니라 아드레날린도 문제다. 결혼식에 과도히 투자했는데 이제 결혼식이 끝났으니 기운이 빠진다. 그날만 고대하며 잔뜩 쏟아붓고 희망으로 삼았는데 이제 다 끝났으니 우울감마저 든다.

이런 사태를 예방하려면 어떻게 해야 할까?

초점을 잃지 말아야 한다. 마음을 지켜야 한다. 그래야 삶의 목적이 계속 전방에 놓여 있게 된다. 세상에서 가장 신기한 감정은 신혼 때 배우자와의 사랑에 취해 둘만의 시간을 즐기면서도 **어서 삶으로 복귀하고 싶은** 마음이다. 과거가 아니라 앞날이 관건이 되는 것이다.

그 복된 자리에 이르려면 결혼 생활이 결혼식보다 훨씬 중요하며 예식은 무수히 많은 나날의 첫날일 뿐임을 깨달아야 한다.

먼저 하나님의 나라와 의를 구하며 약혼 기간을 보낸다면 당신은 멋진 결혼 생활을 위해 가장 멋진 준비를 하는 것이다. 그분의 나라를 구하는 사람은 그분을 대신하여 남들에게 다가가 배려하고 섬기며, 그분의 의를 구하는 사람은 은혜와 자비와 복종과 겸손에서 자라 간다.

결혼식을 준비하는 과정에서도 마태복음 6장 33절을 기억해 보라. 무너지는 결혼은 다른 어떤 문제보다도 이기심에 무너지는 경우가 많다. 우리는 사람들을 하나님의 은혜로 감동시키기보다 웨딩 케이크로 감동하게 하는 데 더 신경 쓴다. 자신의 태도가 그리스도의 자비와 인내를 닮았는지 여부보다 드레스나 턱시도 차림이 어떻게 보일지에 더 신경 쓴다. 그렇게 6개월, 9개월, 1년을 계속하다 보면 알지 못하는 사이에 자기 중심적인 결정을 많이 하게 될지도 모른다. 자기밖에 모르는 사람은 결혼 생활을 썩 잘하지 못한다.

다시 말해서 결혼을 기다리는 준비 기간을 통해 당신은 결혼 생활에 탁월한 사람으로 빚어지거나 아니면 오히려 결혼 생활을 방해하는 사람으로 빚어진다.

지금 하나님의 나라와 의에 집중하지 못하고 결혼식에 초점을 맞춘다면, 결혼 후에는 초점이 집을 사서 잘 먹고 잘 사는 쪽으로 바뀐다. 그렇게 끝이 없다. 먼저 하나님의 나라와 의를 구하는 일보다 더 시급하게 느껴지는 일은 늘 있게 마련이다.

정말 신나는 일을 제쳐둘 수 있으려면 어느 정도 영적으로 성숙해야 한다. 그래야 자신을 훈련하여 의지적으로 영원한 일에 초점을 맞출 수 있다. 한마디로 그게 순종하는 삶이다. 영원한 일이 신나지 않는다는 말은 아니다. 그 또한 신나는 삶이다! 다만 인간의 마음은 생각을 따라가는 법이다. 늘 결혼 준비만 생각하면 다른 생각은 다 밀려나서 마음까지도 나머지 모든 것에서 멀어진다.

결혼식 준비가 결혼 생활에 이로워야지 오히려 방해가 되어서는 안 된다. 일주일에 적어도 사흘은 결혼의 시시콜콜한 준비에 대해 함구하는 날로 정해 두라. 대신 서로의 생각과 삶에 대해 깊이 나누거나 소그룹에 참여하거나, 창의적으로 다른 사람을 섬길 방법을 찾아 보는 것도 좋다. 그냥 앉아서 할머니나 할아버지의 말을 들어 드린다든지, 힘들어하는 다른 커플을 만난다든지, 둘이 외출해서 아주 즐거운 시간을 함께 보내면 좋다.

초점을 맞추는 비결을 배우라. 그것이 씨앗이 되어 친밀하고 만족스러운 평생의 사랑을 싹틔울 것이다.

Soul Food

먼저 하나님의 나라와 의를 구하며
약혼 기간을 보낸다면
당신은 멋진 결혼 생활을 위해
가장 멋진 준비를 하는 것이다.

짝꿍과 함께 차를 마시며

- 일주일에 적어도 사흘은 결혼 준비에 대해 말하지 않기로 다짐하겠는가? 다짐한다면 어느 요일들로 하겠는가?

- 결혼식 날까지 남은 기간 둘이 함께 섬길 수 있는 일은 무엇인가? 참여할 수 있는 소그룹이 있는가? 지원할 수 있는 협력 사역이 있는가? 매주나 매달 찾아뵈어야 할 할머니나 할아버지가 계신가? 그 외에도 함께 할 만한 일들의 목록을 작성해 보라.

- 의에 자라가야 할 부분을 하나 정해 보라. 남을 앞세우는 겸손일 수도 있다. 선행을 주도하여 남에게 복을 끼치는 자비일 수도 있다. 남과 남의 약점을 가혹하게 대하지 않는 인내일 수도 있다. 당신은 어떻게 오늘보다 결혼식 날 영적으로 더 강건해져 있고 싶은가?

하늘에 계신 아버지여, 약혼 기간부터 주님의 나라에 초점을 맞추며—주님의 일을 하고 남에게 다가가 섬기며—의에 자라 가게 도와주소서. 예식으로 사람들에게 감동을 주려 하기보다 그리스도를 닮아 가는 데 더 신경 쓰도록 인도하여 주소서. 두 사람이 함께 할 수 있는 일들과 각자 성장이 필요한 부분을 보여주소서. 결혼식 준비에만 몰두하여 중요한 일을 놓치지 않게 하시고, 오히려 결혼식을 앞두고 최고의 것들을 먼저 선택하게 하소서. 예수님의 이름으로 기도합니다. 아멘.

The first duty of love is to listen.

사랑의 첫 번째 의무는 상대방에게 귀 기울이는 것이다.

―폴 틸리히 Paul Tillich―

비밀이여, 안녕!

07

너희는 이웃과 더불어 진리를 말하며.

―스가랴 8장 16절

어느 젊은 독신 작가가 언젠가 내게 결혼에 대한 최선의 조언을 청했다. 그녀에게 이렇게 답해 주었다. "부부 사이에는 비밀이 없어야 합니다."

친밀함에 대한 사전의 정의는 대부분 성경의 관점에 한참 못 미치므로 내 마음에 들지 않는다. 그래서 내가 직접 정의해 보자면 "부부간의 친밀함이란 서로를 알고 수용하고 다가가는 것이다."

우선 알아야 한다. 제대로 알지도 못하는 사람을 수용할 수는 없다. 결혼 생활에 날개를 달려면 서로에 대해 더 깊이 아는 시간이 필요하다. 자신을 내보이지 않는 사람과 결혼하면 상대를 모르니 수용할 수 없고, 먼저 알고 수용하지 않고는 배우자에게 다가갈 수도 없다. 결국 실존 인물과의 실제 관계를 가꾸는 게 아니라 허상에 대고 허우적거릴 뿐이다.

서로에 대해 섬세하게 나누는 대화의 시간을 가지는 게 좋다. 조금 얘기하기 꺼려지는 이야기일지라도 솔직하게 나누라. 자신의 전부를 알릴 마음이 없거든 결혼하지 말라.

솔직한 대화는 누구나 의지적으로 기를 수 있다. 솔직하게 자기 이야기를 하는 것이 어색한 사람도 있을 것이다. 솔직함이 관계의 밑거름이니 친밀함도 저절로 되기를 바라기보다는 의지적으로 **가꾸어 가야** 한다.

남자들이여, 내가 아내들에게서 가장 자주 듣는 불만 중 하나는 남편이 경계를 풀지 않아 어떤 사람인지를 도통 모르겠다는 것이다. 우리 남자들은 남에게 속을 내보이기를 두려워하는 편이다. 내 실상을 알면 상대가 나를 떠날지도 모른다는 불안 때문이다. 그런데 이런 '숨김'이 종종 남편의 죄보다 아내들을 더 속상하게 한다. 대개 아내들은 **막연한** 일로 초조해하기보다는 차라리 **확실한** 사실에 대처하기를 원한다.

실제로 내가 읽었던 어느 기독교 지도자에 대한 기사는 안타깝기 짝이 없다. 그는 자신의 죄가 탄로 날 지경에 이르자 스스로 목숨을 끊었다. 장례식이 끝난 뒤 그의 아내는 "나한테 털어놓았더라면 함께 헤쳐나갈 수 있었을 거예요"라고 말했다. 남편은 아내에게 솔직히 말하느니 차라리 자살을 택했지만, 아내의 말은 달랐다. "이런 죄가 있더라도 남편을 받아들일 마음이 내게 있었거든요."

남편의 심각한 비행을 눈치를 챈 어떤 아내는 그의 눈을 보며 말했다. "나라는 여자는 당신한테 충실할 거고 어떤 문제라도 함께 풀어나갈 마음이 있어요. 정말 **어떤 문제라도**. 그러니 나한테 말만 해 주면 돼요. 우선 알아야 하니까. 당신, 지금 나한테 숨기는 게 전혀 없는 거죠?"

남편은 실제 저지르고 있던 고질적인 중죄보다 훨씬 작은 죄 하나만 털어놓고는, 다 고백했다고 말했다. 그러다 진실이 밝혀졌고, 아내는 그를 떠났다(그만한 성경적 근거가 충분했다). 그녀는 어떤 문제라도 풀어나갈 수 있으나 거짓말만은 안 된다고 했다. 정직하지 않고는 친밀함도 있을 수 없다.

그래서 두 사람에게 당부한다. 서로 일생을 바치기로 서약하기 전에 하나님 앞에 앉아 이렇게 여쭈어보라. "장래의 배우자에게 털어놓아야 하는데 아직 그러지 못한 부분이 제게 있습니까?" 이를 거룩한 순간으로 삼아라. 예비 배우자가 나의 은밀한 문제를 알고 나서도 결혼에 동의한다면 이는 너그러운 사랑의 행위다. 그러나 나의 심각한 문제를 숨기면서 상대에게 평생의 서약을 요구한다면 이는 잔인한 사기 행각이다.

서로 온전히 정직할 수 없다면 결혼할 준비가 되지 않은 것이다. 이는 미식축구를 하면서 신체 접촉을 피하겠다거나 햄버거집에서 일하면서 고기는 서빙하지 않겠다는 말과 같다. 말이 안 된다. 결혼은 상호 간에 끊임없이 정직한 관계다. 진정한 정직이 없이는 진정한 결혼도 없다.

정직이 왜 그렇게 중요할까? 하나님은 자칭 '진리'이시다(요 14:6). 결혼 생활에서 진실을 몰아내면 곧 하나님을 몰아내는 것이다. 이처럼 하나님이 진리시고 우리가 그분 안에 살기에 바울은 "너희가 서로 거짓말을 하지 말라. 옛사람과 그 행위를 벗어 버리고 새사람을 입었으니 이는 자기를 창조하신 이의 형상을 따라 지식에까지 새롭게 하심을 입은 자니라"(골 3:9~10)라고 권면했다. 신명기에도 상거래에 "악을(부정직하게, ESV) 행하는 모든 자는 네 하나님 여호와께 가증하니라"(신 25:16)라고 했다. 장사할 때 그러할진대 서로 일생을 바치는 부부 사이에는 오죽하겠는가! 스가랴는 서로 어떻게 행해야 하는지를 열거할 때 "너희는 이웃과 더불어 진리를 말하며"(슥 8:16)부터 시작했다.

그러므로 하나가 되려고 영적으로 준비하는 과정에 이렇게 자문해 보라. "여태 나는 장래의 배우자에게 온전히 정직했는가? 내 쪽에서 헌신을 청하기에 앞서 상대에게 마땅히 알려야 할 나의 중독이 있는가? 나의 과거에 장래의 배우자 역할에 영향을 미칠 만한 요소—학대당한 경험, 두려움, 심리 문제 등—가 있는가?"

내가 상담했던 어느 커플은 약혼 전에 털어놓아야 할 비밀이 있었다. 비밀의 당사자는 자백을 겁냈으나 막상 자백하고 나니 둘의 관계가 새로운 차원의 기쁨과 친밀함에 이르렀다. 이제 그는 두려움 대신 기쁨과 기대감으로 결혼식 날을 고대할 수 있었다. 탄로나면 어떡하나 하는 공포도 사라졌다.

다만 몇 가지 참고할 만한 지침이 있다. 한번 한 말은 다시 주워 담을 수 없다. 그러니 이번 주제에 경솔히 반응하지는 말라. 털어놓을 문제가 있거든 먼저 경험 있는 신앙의 선배나 목사나 상담자와 상의하라. 미주알고주알 다 털어놓는 게 꼭 유익하지는 않다. 예컨대 과거에 당신의 성생활이 왕성했다면 장래의 배우자는 마땅히 그 사실을 알아야 하고 어느 정도였는지도 알아야 한다. 구구절절 자세히 알 필요까지는 없지만, 솔직히 섹스 상대가 여남은 명이었는지 둘이었는지는 당연히 알아야 한다.

과거에 학대당한 당신의 경험이 자유로운 성적 표현에 영향을 미치겠는가? 중독이나 습관 때문에 배우자와 친밀해지기가 어렵겠는가(포르노도 결국 그런 영향을 미친다)? 아주 큰 재정 문제가 있는가? 건강상의 문제가 있는가? 기타 당신이 상대의 입장이라면 알고 싶을 만한 부분이 있는가? **다 털어놓으라.** 언제 어떻게 털어놓을지는 지혜롭게 정해야겠지만 결국 솔직하게 얘기하는 게 좋다.

자백을 듣는 쪽이라면 당신이 아직 결혼 전임을 잊지 말라. 시간을 더 청해 방금 들은 내용을 분석하고 처리하는 것은 잔인한 일이 아니다(입장이 바뀌어 당신의 약혼자 쪽에서 똑같이 해도 잔인하지 않다). 실제로 결혼을 연기하거나 아예 취소하는 게 지혜로울 수도 있다. 물론 창피할 수 있으나 잠깐 체면을 차리려고 무턱대고 평생을 바친다면 미련한 일이다. 충분히 모르던 상태에서 결혼을 약속했다가 자세히 알고 나서 헌신을 재고하는 것은 비겁하거나 인성이 부족한 행위가 아니다. 당신은 누구와도 결혼할 의무가 없다. 그러니 새로 알게 된 내용에 대해 믿을 만한 상담자나 신앙 지도자와 충분히 의논하라.

참된 친밀함과 멋진 결혼 생활에 이르려면 과감하고 정직하게 비밀을 나누어야 한다. 지금부터 시작하는 게 좋다.

Soul Food

결혼은 상호 간에 끊임없이 정직한 관계다.
진정한 정직이 없이는 진정한 결혼도 없다.

짝꿍과 함께 차를 마시며

- 아직 털어놓지 않은 특정한 부분을 꼭 털어놓아야 하는지 각자 따로 하나님 앞에서 분별하라. 그 후에 믿을 만한 친구에게도 물어보라.

- 진실을 말한다는 게 자신에게 얼마나 어려운 일인지 둘이 함께 대화해 보라. 성장 과정의 어떤 면 때문에 비밀을 털어놓기가 어려운가? 남에게 자신을 알리기가 특히 두렵다면 왜 그런가? 솔직해지기 어려운 서로의 배경을 이해해 주라. 이 부분은 누구에게나 힘들다. 그러니 특히 당신에게 어려운 이유를 약혼자에게 알려 주라.

- 커플로서 솔직하게 자신을 표현할 최선의 방법을 의논하라. 언제 어디서 어떻게 하는 게 좋겠는가? 결혼한 후에 정직하게 나눌 수 있는 방법에 대해서도 말해 보라. 예컨대 비밀번호를 공유하거나 사적인 질문에 방어 자세를 취하지 않는 등이다.

- 장래의 배우자가 당신에게 온전히 솔직하지 못하다 싶은 부분이 있는가?

하늘에 계신 아버지여, 주님은 늘 받아 주시는 완전하고 은혜 충만한 사랑으로 우리를 사랑하십니다. 똑같은 사랑으로 우리도 서로를 사랑하고 싶습니다. 용기를 주셔서 먼저 주님 앞에 정직하고 나아가 서로에게 정직하게 하소서. 결혼하기 전에 털어놓아야 할 게 있다면 다 생각나게 해 주시고 정직하게 털어놓을 용기를 주소서. 상대의 비밀을 잘 받도록 준비하게 해 주시고 어떻게 반응해야 할지 지혜를 주소서. 예수님의 이름으로 기도합니다. 아멘.

짝꿍의 관심사에
열정을 가지라
08

오직 겸손한 마음으로 각각 자기보다 남을 낫게 여기고 각각 자기 일을 돌볼 뿐더러 또한 각각 다른 사람들의 일을 돌보아.

―빌립보서 2장 3~4절

웬만한 사람이 교만으로 알아차리지 못하지만, 결혼을 파멸로 몰아가는 아주 미묘한 형태의 교만이 있다. **본래 우리는 배우자가 조금만 더 나 같으면 결혼 생활이 더 행복해지리라고 생각한다.**

그러나 이는 비열한 거짓이고, 어쩌면 거의 교만의 정의 자체이며, 사실상 결혼 생활의 모든 면에 악영향을 끼친다.

어떤 아내는 말다툼이 생기면 즉시 해결해서 맺고 끊고 싶어 하는데, 남편은 자신의 감정과 생각을 정리할 시간을 가지기를 원하며 그래야만 비로소 대화가 가능해진다. 아내는 남편의 그런 면이 못내 싫다. 잠깐이라도 문제가 풀리지 않은 채로 있으면 스트레스를 받는다. 남편은 남편대로 사안을 제대로 파악하기도 전에 인위적 해결로 몰아가려는 아내에게 스트레스를 받는다.

아내의 생각은 이렇다. '남편이 바로바로 대화로 풀 수만 있다면 내 스트레스도 훨씬 적고 삶이 한결 편해질 텐데.'

남편의 생각은 이렇다. '잠시라도 기다려 줄 줄 아는 아내라면 좋으련만. 어차피 결국에는 늘 잘 해결해 나가는 우리가 아닌가. 아내가 조금만 더 인내심이 있다면 삶이 훨씬 더 즐거워질 것이다.'

어떤 남편은 성관계를 적어도 하루걸러 한 번씩은 하고 싶은데 아내는 주 1회면 충분하다고 생각한다. 남편은 '아내가 섹스를 더 자주 원하기만 하면 삶이 훨씬 나아질 텐데'라고 생각한다.

아내는 '남편이 특별한 토요일 밤으로 만족할 수만 있다면 삶이 한결 좋아지련만'이라고 생각한다.

이렇듯 우리는 중도를 찾기보다는 본능적으로 배우자를 내 쪽으로 끌어오려 한다. 매사에 그런 식이다.

결혼 생활의 영적 도전은 그냥 서로를 수용하는 게 아니라 **서로의 차이를 수용하면서 열정까지 보이는 것이다.** 실제로 열정은 당신이 장래의 배우자에게 줄 수 있는 최고의 선물 중 하나다. 서로의 차이를 받아들일 뿐 아니라 그 차이를 존중하고 즐거워하며 거기서 힘써 배워야 한다. 두 사람이 달라서 부부 생활이 훨씬 풍요롭고 원만해지는 것이니 오히려 감사해야 한다.

나의 결혼 생활을 예로 들어 보면, 리자와 나는 음식을 보는 눈이 전혀 다르다. 나는 주로 배고픈 게 싫어서 먹을 뿐이지 음식에 그다지 열광하지 않는다. 내게 음식은 목적을 이루기 위한 수단이다. 반면에 리자는 먹는 걸 즐긴다. 그래서 여행할 때면 아내는 출발 전부터 식당을 검색하면서 내게 어디서 먹고 싶은지 묻곤 한다. 유기농 건강식에 푹 빠진 아내라서 검색에 좀 더 수고가 따른다.

문제는 내가 이런 데 신경 쓰려면 노력이 필요하다는 것이다. 본래 나는 식당 리뷰나 메뉴에 별로 관심이 없고 '현지' 식품도 내게는 딱히 의미가 없다. 그렇다고 아내에게 "아무거나 당신 좋은 대로 골라요"라고 말한다면 아내의 흥이 깨진다. 아내는 내가 말로나마 들뜬 척이라도 하며 약간의 열정을 보이고 그 지역 맛집도 신경 써 주기를 원한다.

아내를 사랑하기에 나는 아내가 읽어 주는 리뷰도 듣고 메뉴도 보며 최대한 애써 열정을 보인다. 최근에 내가 휴스턴 마라톤 대회에서 달리다가 스쳐간 어느 식당에 "현지에서 목초를 먹여 기른 소의 유기농 고기"라는 광고 문구가 보였다. 일부러 머릿속에 기억해 두었다가 그날 저녁에 리자에게 알려 주었다.

열정을 보여야 한다는 이 동일한 원리는 부부에 따라 섹스에도 적용된다. 어떤 사람에게 섹스는 놀라운 관능과 만족과 전율의 경험이다. 그러나 어떤 사람에게는 간혹 필요할지언정 크게 신경 쓸 일이 아니다. 그냥 해서 끝내고 넘어가면 된다.

당신의 장래의 배우자는 내 아내가 음식을 즐기듯 섹스를 즐길 수 있고, 당신은 식당 선택에 관한 한 나와 더 비슷할 수 있다. 그런 두 사람이 결혼 후 상대에게 맞추어 약간의 열정을 보충하는 것은 순전히 배려의 문제다. 배우자는 당신이 모르는 무언가를 알 수도 있다. 음식을 대하는 나의 태도가 자랑스럽지는 않듯이 섹스를 대하는 당신의 태도도 꼭 자랑스러워할 것만은 아니다. 나의 관심 부족을 얼마든지 영적으로 미화할 수도 있다. 먹는 일은 흔히 덧없는 것에 마음을 빼앗기는 육욕으로 치부된다. 예수님도 무엇을 먹을까에 너무 신경 쓰지 말라고 경고하셨다. 당신의 경우 똑같은 논리를 섹스에 너무 몰두해서는 안 된다는 식으로 대입할 수 있다.

그러나 중요한 사실이 있다. 리자는 나까지도 음식과 메뉴에 좀 더 신경 쓰게 함으로써 실제로 결혼 생활에 유익을 끼친다. 아내는 내가 아주 작은 동네로 혼자 출장 갔을 때 **사흘**

연속 웬디스에서 식사했다는 말을 듣고는 절망하다시피 했다. 내가 "그곳 칠리가 맛있었어. 호텔에서도 가까웠고."라고 이유를 댔지만 말이다. 어쩌면 당신의 배우자도 성관계를 당신으로서는 누리기 힘든 더 '미식' 같은 경험이 되게 함으로써 결혼 생활에 유익을 끼칠 것이다.

사실 간편하게 요기할 수 있다는 이유만으로 사흘 연속 웬디스에서 식사하면 건강에 좋지 못하다. 성적인 면에서도 3회 연속 '패스트푸드'를 원할 사람은 없다. 다음 사실을 떠올리면 도움이 될지 모르겠다. 가끔 내가 나서서 좋은 식당을 검색한다면 아내는 감격할 것이다. 이번만은 자기가 수고를 다하지 않아도 되니 놀랍고도 즐거울 것이다. 마찬가지로 당신도 친밀한 성관계의 시간을 미리 조금 계획해서 약간의 준비와 수고를 보인다면 배우자가 감격할 것이다.

둘 사이에 그런 차이가 보일 때 기억해야 할 사실이 있다. 한쪽은 정시 도착을 중시하는데 한쪽은 더 즉흥적이고 지각이 잦다면, 서로 보완이 된다. 한쪽은 너무 심각한데 한쪽은 흥이 넘치거나 한쪽은 유난히 깔끔한데 한쪽은 청소 시간으로 쓰기에는 인생이 너무 짧다고 생각한다면, 이 사실을 알라. 당신이 배우자 쪽으로 완전히 넘어가지는 못하겠지만 배우자 쪽을 **인정하고 배우고 존중**할 수는 있다. 지저분한 사람은 좀 더 깨끗이 치우라는 배우자를 못마땅하게 여기면 안 된다. 그냥 받아들이라. 나아가 **즐거워하고 칭찬하라.** 깔끔하고 청결한 게 좋다는 거야 당신도 마음속으로 알지 않는가? 장래의 배우자가 너무 심각할 수도 있겠지만 당신은 충분히 심각한가?

이제 이치가 보이는가?

나는 이게 참 좋은 게, 아내를 섬기느라 본래 내 마음이 별로 끌리지 않던 부분에도 관심을 쏟게 되기 때문이다. 그래서 열정 쪽을 택하면 겸손과 너그러움과 친절과 섬기는 마음이 길러진다. 당신도 그런 사람이 되고 싶지 않은가?

게다가 관심과 열정의 반대쪽을 택할 때 우리가 조장하는 것은 무엇인가? 냉담함과 이기심과 인색함과 편협한 사고다.

배우자를 어떻게 대하느냐에 따라 당신의 성품이 달라진다.

젊은 부부의 경우 본래 딱히 열광하지 않던 부분에도 열정을 보일 줄 알면 자녀를 대할 때 큰 도움이 된다. 자녀도 결국 당신과 사뭇 달라져서 즐기는 분야가 다를 수 있으니 말이다. 또 사회에서 낯선 사람을 대할 때도 도움이 되고, 연로한 부모의 말 상대가 되어 드릴 때도 도움이 된다.

이렇듯 열정은 삶에 두루 통하는 신기한 선물이며, 결혼은 열정이 양껏 생산될 수 있는 이상적 '공장'이다.

부부간의 겸손에 대한 유용한 정의를 원하는가? 늘 배우자를 나에게 맞추려 하지 말고 자신이 좀 더 배우자처럼 되려고 힘쓰라.

열정 쪽을 택하면
겸손과 너그러움과 친절과
섬기는 마음이 길러진다.

짝꿍과 함께 차를 마시며

- 당신과 약혼자의 다른 점을 생각할 때 제일 먼저 떠오르는 것 세 가지는 무엇인가?

- 상대의 다른 점이 약점으로 보일 때조차도(예컨대 시간을 잘 지키기보다는 으레 늦는 쪽, 깔끔하기보다는 지저분한 쪽 등) 어떻게 하면 상대를 존중하는 법을 배울 수 있겠는가?

- 두 사람이 서로 다른 덕분에 어떻게 자녀를 더 원만한 사람으로 기를 수 있겠는지 토의해 보라. 상대에게 혹시 부족해서 내 쪽에서 자녀 양육 과정에 기여할 수 있는 부분은 무엇인가? 그 반대는 무엇인가?

하늘에 계신 아버지여, 우리를 서로 다르게 지어 주신 주님께 감사드립니다. 서로 다른 두 사람을 하나로 맺으시어 서로 배우고 지원하고 보완하게 하시는 주님, 그 주님의 기쁨을 우리도 보도록 도와주소서. 배우자를 내 입맛대로 뜯어고치려는 교만으로부터 건져 주시고, 배우자의 모습을 있는 그대로 존중하게 도와주소서. 예수님의 이름으로 기도합니다. 아멘.

You are every reason, every hope
and every dream I've ever had.

당신은 내가 가진 모든 이유이고 희망이며, 꿈입니다.

― 니콜라스 스파크스 Nicolas Sparks ―

기쁨은
당신의 친구다
09

청년이여, 네 어린 때를 즐거워하며 네 청년의 날들을 마음에 기뻐하여.

—전도서 11장 9절

식물이나 사람처럼 결혼에도 양분이 필요하다. 결혼 생활에 양분을 공급하는 가장 중요한 방법의 하나는 재미와 기쁨이다.

《쾌락, 하나님이 주신 순전한 즐거움》(CUP 역간)에 소개한 이야기지만 나는 8월의 어느 오후에 텍사스주 휴스턴의 찜통 더위 속을 달린 적이 있다. 그쪽으로 이사하기 한참 전이었다. 3.5km쯤 달렸을 즈음 갈증으로 의식을 잃고 쓰러질 것만 같았다. 길가 도랑에 마시다 만 콜라병이 버려져 있기에 **정말 멈추어 섰다.** 생각만 해도 메스껍기 짝이 없었지만, 최소한 액체가 아닌가.

그래도 이건 아니라고 스스로 다그치며 콜라병을 뒤로하고 계속 달렸다.

그러다 어느 집 앞을 지나는데 앞마당에 어린아이들이 놀고 있는 호스가 보였다. 그 집 엄마에게 수도를 틀고 잠깐 물을 마셔도 되겠냐고 물었다. 그녀는 아주 너그러웠지만 나는 겸연쩍었는지라 안에 고여 있던 물을 다 빼지도 않고 무턱대고 마셨다. 짐작하다시피 구역질이 났다. 그 물이 그 뜨거운 플라스틱 튜브 속에 얼마나 오래 고여 있었을지 누가 알겠는가?

그래도 물은 물인지라 목이 타들어 가던 나는 단숨에 들이켰다.

냉방이 잘된 실내에서 생수병을 옆에 놓고 글을 쓰는 지금은 길 가의 뜨거운 호스로 물을 마신다고 생각만 해도 아찔하다. 그래도 무더운 날에 달리기를 거부할 의지력이 없었던 나를 자책하고 싶지는 않다. 그보다는 이게 더 지혜로운 질문일 것이다. '나는 왜 갈증에 허덕이는 상황을 자초하여 당연한 혐오 대상에 오히려 유혹을 느꼈던가?'

결혼 생활에서도 그런 태도를 길러야 한다. **유혹 자체에 집중하기보다 유혹에 빠지기 쉬운 원인에 집중하라.** 그날 내 몸에 수분이 충분했더라면 도랑의 콜라병이 눈에 띄지도 않았을 테고, 전해질을 가미한 냉수만 한 병 들고 갔더라도 앞마당에 뜨거운 호스가 있던 집도 그냥 지나쳐 달렸을 것이다.

부부간에 재미있는 시간을 없애면 관계에 대한 갈증이 돋는다. 성경은 우리에게 "네가 사랑하는 아내와 함께 즐겁게 살지어다"(전 9:9)라고 권고한다. 배우자와 잘 소통될 때면 유혹조차 되지 않을 것들도 마지막으로 함께 웃은 때가 언제인지 가물가물해지면 갑자기 솔깃하게 다가온다. 그러니 부단히 서로를 즐거워하라.

이것을 즐거운 약속으로 생각해 보라. 결혼하겠다는 결정은 곧 계속 함께 재미있게 지내겠다는 결정이다! 서로의 즐거움을 중시하겠다는 약속이다. 주변을 보면 '실용' 관계로 변한 부부가 얼마나 많은지 모른다. 그들은 집과 자녀와 일 등을 건사하기만 하면 끝이다. 그러다 삶이 지겨워지고 차차 서로에게도 권태감이 들어 벗어나고 싶어진다.

그런 일이 없게 하라. 둘이서 마지막으로 웃던 때가 기억나지 않는 날이 행여 오거든, 지금 하는 말을 '영적 의사'의 처방으로 받아들이라. 즉 사흘 내로 무언가 재미있는 일을 함께하라. 데이트의 밤에 대한 아이디어가 바닥났거든 다른 커플에게 동참을 청하라. 다른 커플과 함께 웃는 것도 괜찮다. 일과 중압감과 청구서 따위는 잠시 잊은 채 작정하고 결혼 생활을 즐기라.

언젠가 내가 읽었던 놀랄 만한 사실이 있다. 바람피우는 남자의 80% 이상은 외도가 끝나면 다시 돌아오기를 원한다. 문제는 결코 아내가 아니었다. 그렇지 않다면 돌아올 마음이 없을 테니 말이다. **문제는 관계의 상태였다.** 그들은 부부 사이를 '실용' 관계로 변질시켰고 재미있는 시간을 없앴다. 외도의 목적은 거기서 벗어나 성적 친밀함을 되찾고, 누군가와 함께 웃고, 일이나 자녀 양육 이외의 다른 것을 하는 데 있었다.

이 모두를 부부간에 하면 된다! 권태롭다고 굳이 남과 외도할 필요는 없다. 배우자와 '외도'에 빠지라.

어느 부부든 대개 한쪽이 더 재미에 주력하게 마련이다. 당신이 그쪽이 아니라면, 당신을 너무 심각해지지 않게 해 줄 배우자를 주신 하나님께 감사하라. 그렇다고 당신 쪽에서 게을러서는 안 된다. 커플이 함께할 재미있는 일을 당신도 모색해야 함을 잊지 말라.

결혼이라는 안전한 울타리 안에서 기쁨은 관계의 가장 진실한 친구이자 보호막 중 하나다. 하나님이 주신 이 도구로 유혹을 이겨내는 결혼 생활을 가꾸어 나가라. 백년해로의 헌신은 남은 평생 서로를 즐거워하겠다는 다짐과도 같다. 웃음과 재미와 즐거운 삶을 위해 건배를 들자.

유혹 자체에 집중하기보다
유혹에 빠지기 쉬운 원인에
집중하라.

짝꿍과 함께 차를 마시며

- 대체로 커플마다 둘의 재미있는 시간을 꾸준히 더 잘 챙기는 쪽이 있다. 당신 커플의 경우는 누구인가? 시간을 떼어 재미있게 지내는 게 지혜롭고 선한 일이라고 둘 다 동의하는가?

- 두 사람이 함께 즐겨 하는 두세 가지 일은 무엇인가? 신혼 첫해에 재미있게 함께할 새로운 일로 적어도 두 가지를 계획해 보라.

- 미래에 당신 커플의 재미있는 시간을 가장 방해할 것 같은 요인은 무엇인가? 어떻게 자신을 일깨워 그런 시간을 지켜나갈 수 있겠는가?

하늘에 계신 아버지여, 일과 섬김과 희생 가운데서도 주님은 우리를 불러 서로를 즐거워하게 하시고 남편과 아내로서 함께 웃게 하십니다. 거기서 주님의 선하심과 자비를 볼 수 있습니다. 주님은 우리를 참으로 웃을 줄 아는 유일한 피조물로 지으셨습니다. 주님의 형상대로 지어진 피조물이 우리뿐이라서 그렇지요. 주님은 우리에게 하루 쉴 날을 명하셨고, 주님의 말씀은 서로를 즐거워하는 우리를 복되다 합니다. 이 선하고 풍성한 삶을 받아 누리도록 도와주소서. 행여 우리가 너무 심각해져 '관계에 대한 갈증'에 빠질 위험이 있거든 알려 주소서. 성령의 창의력을 부으셔서 우리를 새로운 웃음과 재미와 성적 즐거움의 시간으로 인도하소서. 예수님의 이름으로 기도합니다. 아멘.

If you would be loved, love and be lovable.

사랑받고 싶다면 사랑하라. 그리고 사랑스럽게 행동하라.

― 벤자민 플랭클린 Benjamin Franklin ―

수고로운
결혼 생활

10

무슨 일을 하든지 마음을 다하여.

—골로새서 3장 23절

결혼은 많은 복과 기쁨을 가져다주며 가끔 황홀경도 맛보게 해 준다. 그러나 결혼과 가정생활에 대한 냉엄한 진리가 있으니 곧 때로 엄청난 수고가 수반될 수 있다는 것이다. "이런(결혼하는) 이들은 육신에 고난이 있으리니"(고전 7:28).

특히 자녀를 함께 기르다 보면 이전 어느 때보다도 녹초가 될 수 있다. 로맨틱한 데이트는 언제적 일인지 기억이 가물가물하다. 그때만 해도 둘이서 걱정 없이 웃으며 부담 없이 돈을 썼고, 그러다 집에 돌아오면 조용하고 아늑한 잠자리가 기다리고 있었다.

바라건대 데이트의 밤은 계속되겠지만, 이제 그 시간도 예산의 제약을 받을 테니 돈을 쓰면서 약간 죄책감이 들 수 있다. 긴 하루를 보내고 나서 피곤한 데다 심리적으로 아이들을 떼어 놓기도 힘들다. 그러다 돌아오면 집이 조용할 때가 거의 없다.

자녀가 없어도 결혼 생활은 연애와는 사뭇 다르다. 반드시 장을 보고 청구서를 지불하고 집을 청소해야 한다. 이제 본가나 친정 쪽만 아니라 처가나 시집과도 늘 교류해야 한다. 친구도 거의 두 배로 늘어 각종 경조사와 회식 등으로 인한 의무와 전화 통화와 방문이 늘어난다.

이런 수고에 마음이 준비되어 있지 못하면 점차 결혼 생활이 싫어질 수 있다. 결혼의 기쁨에 가중 책임이 수반됨을 예상하지 못하면 그렇다. 처음에는 배우자를 향한 반감처럼 느껴질 수 있으나 대개는 인생과 결혼 생활의 고달픈 현실에 대한 반감이다.

결혼 전보다 결혼 후에 '수고와 슬픔'이 더 많다 해서 반드시 배우자를 잘못 골랐다는 뜻은 아니다. 그냥 독신 생활을 졸업한 결과일 수 있다. 타인에게 삶을 몽땅 헌신했으니 반드시 책임이 가중될 수밖에 없으며 이는 누구와 결혼하든 마찬가지다.

사도 바울은 이렇게 말했다. "장가간 자는 세상일을 염려하여 어찌하여야 아내를 기쁘게 할까 하여 마음이 갈라지며 시집가지 않은 자[는] … 주의 일을 염려하여 몸과 영을 다 거룩하게 하려 하되 시집간 자는 세상일을 염려하여 어찌하여야 남편을 기쁘게 할까 하느니라"(고전 7:33~34).

수고로운 인생과 결혼 생활을 배우자 탓으로 돌리는 우를 절대 범하지 말라. 이는 매장을 개업해 놓고 고객이 들어올 때마다 싫어하는 것만큼이나 어리석은 일이다.

연애 기간의 호기로움, 신혼여행의 재미와 낭만, 함께 나눌 삶에 대한 기대감 등을 즐기라. 그 시절을 놓치지 말라. 장차 오고 갈 즐거운 시절도 즐기고 음미하며 하나님께 감사하라. 그러나 다른 시절도 다가오고 있음을 기억하며 영적으로 준비하라. 바로 희생하며 섬기는 시절, 자아를 부인하며 수고하는 시절이다.

진정한 결혼은 3차원이다. 때로 우리는 그중 하나나 두 차원에 매료되지만, 현실적으로 인생이란 늘 쉽지만은 않으며 따라서 결혼 생활도 마찬가지다.

풍성할까? 물론이다.

그러나 쉬울까? 그렇지는 않다.

Soul Food

결혼 전보다 결혼 후에
'수고와 슬픔'이 더 많다 해서
반드시 배우자를 잘못 골랐다는 뜻은 아니다.
그냥 독신 생활을 졸업한 결과일 수 있다.

짝꿍과 함께 차를 마시며

◆ 각자 자기 부모의 결혼 생활에 대해 말해 보라. 그 관계에 요구되던 수고를 당신은 알았는가? 부모는 그것을 어떻게 감당했는가? 부모에게 배울 수 있는 교훈은 무엇이며 당신은 어떻게 더 잘할 수 있겠는가?

◆ 지금은 해당하지 않지만 결혼하면 당신에게 부과될 더 큰 책임은 무엇이겠는가?

◆ 자신과 서로에게 솔직히 답해 보라. 평소에 당신은 삶의 수고를 기꺼이 또는 아예 열심히 받아들이는가? 아니면 삶이 힘들어질 때 자기 연민에 빠지는 편인가? 수고로운 결혼 생활은 당신에게 얼마나 큰 도전이 되겠는가? 그때에 대비하여 지금 당신이 할 수 있는 일은 무엇인가?

하늘에 계신 아버지여, 수고로운 결혼 생활에 우리 마음을 준비하게 해 주소서. 현실이 힘들다 해서 결코 서로에게나 삶 자체에 반감을 품지 않게 하소서. 이 타락한 세상에 기쁨과 행복도 크지만 상심과 비탄도 많음을 기억하게 도와주소서. 이런 세상을 살아가며 이런 도전에 함께 맞서도록 우리에게 능력을 주시니 감사합니다. 예수님의 이름으로 기도합니다. 아멘.

성을
소중히 여기라

11

> 나의 친구들아, 먹으라. 나의 사랑하는 사람들아, 많이 마시라.
>
> —아가 5장 1절

혼전 성관계를 충실히 참아 왔거나, 실수 후 다시 금욕에 헌신한 성실한 그리스도인들은 결혼 후 자유로운 성적 표현에 온전히 몰두하기가 때로 어려울 수 있다. 괜히 죄책감이 들어서다. 몇 년째 거부하던 성이니 막상 부담 없이 즐기기가 어렵다.

하나님이 우리에게 혼외 섹스를 금하심은 섹스가 본래 더럽거나 혐오스러워서가 아니라 섹스가 워낙 놀랍고 위력적이라서 백년가약의 정황 속에서만 마음껏 표출되어야 하기 때문이다. 섹스가 영육 간에, 즉 우리 마음과 영혼과 뇌와 몸에 하는 일은 워낙 신기해서 그 위력을 십분 발휘할 만한 안전한 장은 부부 관계뿐이다.

성경을 잘 아는 사람은 하나님이 얼마나 성 예찬론자이신지도 안다. 생각해 보라. 기도나 사랑은 그리스도인의 삶에 그토록 중요하지만, 성경에 전적으로 그 주제에만 할애된 책은 한 권도 없다. 생각해 보면 성경에 중심 주제가 하나뿐인 책은 딱 하나 바로 남편과 아내의 성애를 부끄럼 없이 노골적으로 찬미한 **아가서**다.

아가서의 원제는 "노래들 중의 노래"인데 이 문구가 무슨 뜻인지 아는가? 이는 고대 근동에서 무언가를 나머지 전체보다 높이던 관용구다. 일례로 '만왕의 왕'이라는 표현을 들어 보았을 것이다. 이 말은 하나님이 그저 많은 왕 중의 **하나**나 심지어 모든 왕 중에 최강이라는 의미가 아니라 세상의 모든 왕을 한데 모아 놓아도 여전히 그 왕들의 왕이시라는 뜻이다. 그분은 우월하신 정도가 아니라 한 차원 위로 급이 다르시다.

그래서 성경이 말하는 부부간의 성애는 그냥 인간 최고의 경험 중 하나나 유독 격렬한 경험이 아니라 인간의 모든 경험들 위의 경험이다. 섹스가 하는 일을 생각해 보라. 섹스는 영적으로 남편과 아내를 연합시키고, 육적으로 서로를 향한 애정을 새롭게 하며, 한 인간, 즉 자신들의 형상을 닮은 자녀를 창조할 잠재력마저 지니고 있다! 섹스는 당신이 영혼으로 배우자와 깊고 독특하게 결합하는 영적인 존재일 뿐 아니라 말초신경이 작동하는 육적인 존재이기도 함을 일깨워 준다.

이렇듯 성경의 한 책의 **제목**만으로도 하나님이 부부간의 성을 예찬하심을 충분히 알 수 있다.

잠언 5장 18~19절에는 성애가 이렇게 칭송되어 있다.

> 네가 젊어서 취한 아내를 즐거워하라.
> 그는 사랑스러운 암사슴 같고 아름다운 암노루 같으니
> 너는 그의 품을 항상 족하게 여기며
> 그의 사랑을(에) 항상 연모(도취)하라.

'도취하라'라는 단어는 아주 의미가 강해서 한 주석가는 '도덕적으로 허용되는 사랑의 황홀경'이라 표현했다. 아내의 벌거벗은 몸을 보고 거의 입이 다물어지지 않는 남편의 이미지가 그 속에 담겨 있다. 눈앞의 광경에 매료된 것이다. 그런데 보다시피 이는 부끄러운 일이 아니라 복이요 하나님의 뜻이다.

남편은 아내의 벌거벗은 몸을 보기만 해도 약해진다. 이는 하나님이 여자에게 남편에 대한 일종의 지배권으로 주신 것이다. 당신이 여자라면 그 권력을 두려워하거나 부끄러워하지 말고 오히려 그것으로 남편을 매혹해 즐거이 갈망의 대상

이 돼라. 남편이 당신만 바라보는 것과 당신이 그 지배력을 만끽하는 것은 선한 일이다. 하나님이 설계하신 결혼 공학의 일부라 해도 좋다.

아가서 다른 곳에 하나님은 서로를 즐거워하는 남편과 아내를 친히 보시며 이렇게 말씀하신다. "나의 친구들아, 먹으라. 나의 사랑하는 사람들아, 많이 마시라"(아 5:1). 실제로 이 본문이 '잔치'처럼 경축하는 것은 부부간의 성애다. 아예 서로를 향한 갈망에 '도취'할 정도인데, 부부 사이에는 이것이 선하고 거룩하고 건강한 일이다.

결혼과 가정생활은 고되고 때로 지루할 수 있다. 그런 시절의 한가운데에 하나님은 술의 취기나 약물의 도취감보다 더 좋은 것을 탈출구로 주셨다. 남편과 아내 사이의 성을 창조하신 것이다. 성애는 어찌나 격렬한지 돈 문제, 자녀를 키울 걱정, 때로는 건강에 관련된 문제까지 순간적으로 잊게 한다. 그 짧은 막간에 우리는 서로에게 집중해 격렬하게 느끼고 즐긴다. 이 경험은 신경 세포에까지 영향을 미쳐 깊은 단잠으로 이어질 때가 많다.

일이 이러할진대 하나님이 우리에게 성욕에 순응해 성관계로 '잔치'하고 서로를 향한 갈망에 '도취'하도록 독려하심이 뜻밖의 일인가? 안식일을 창조하신 하나님은 안식의 가치를 아신다. 부부간의 섹스도 일상의 책임과 고뇌와 권태 속에서 일종의 안식이 될 수 있다.

성의 신성함을 받아들이기가 어렵게 느껴지거든 결혼하기 전에 기도하는 마음으로 아가서를 통독하라. 말씀에 반응해 하나님께 당신도 그와 똑같이 되게 해 달라고 구하는 것은 아주 적절하고 거룩한 기도다. 성경에 나와 있는 본보기대로 당신도 성적 쾌락에 마음을 열고 성적 친밀함에 스스럼없이 열정을 품을 수 있다. 알다시피 "성혼을 선포합니다"라는 목사의 말에 이어 신랑 신부의 행진이 끝나는 순간부터, 당신과 배우자는 키스보다 훨씬 진한 것을 나눌 수 있다. 혼인 서약을 통해 이제 평생 성욕을 즐길 문이 열렸다.

신혼 초야를 치르기 전에 잠시 함께 기도할 수 있다면 아주 특별하고 참으로 거룩하며 신성한 순간이 될 것이다. 지금 받으려는 선물을 인해 하나님께 감사하고, 평생 이어질 성적 쾌락에 복 주시기를 구하며, 죄책감이나 수치심 없이 열린 생각과 마음과 몸으로 이 선물을 받게 해 달라고 기도하라. 그러고 나서 죄책감이나 수치심 없이 무조건 서로에게 자신을 온전히 내주라. 쾌락을 수용하고, 감각을 인해 하나님께 감사하며, 그분이 창조하신 이 기발한 은총을 누리라.

Soul Food

남편은 아내의 벌거벗은 몸을
보기만 해도 약해진다.
이는 하나님이 여자에게 남편에 대한
일종의 지배권으로 주신 것이다.

짝꿍과 함께 차를 마시며

- 당신은 부부간의 성의 거룩함을 받아들이는 데 어려움이 예상되는가? 왜 그런가, 왜 그렇지 않은가?

- 이 부분이 당신에게 도전이 되겠거든 성에 대한 책을 찾아 읽거나 함께 나누기를 권한다(아래는 참고도서. 국내 출간된 책 중 적절한 책을 찾아 보는 것도 좋다).
  —Clifford & Joyce J. Penner, *Getting Your Sex Life Off to a Great Start* (Nashville: Thomas Nelson, 1994). (클리퍼드와 조이스 J. 페너 부부, 성생활의 멋진 출발)
  —Dr. Douglas Rosenau, *A Celebration of Sex: A Guide to Enjoying God's Gift of Sexual Intimacy* (Nashville: Thomas Nelson, 2002). (더글러스 로즈노 박사, 섹스 예찬: 하나님의 선물인 성적 친밀함을 누리기 위한 지침서)

- 평생의 성적 친밀함이 시작되는 신혼 첫날밤을 어떻게 하면 육적으로만 아니라 영적으로도 특별한 경험이 되게 할 수 있을지 대화해 보라.

하늘에 계신 아버지여, 부부간의 섹스를 선물로 주신 주님께 감사드립니다. 잘 받아 누리며 경축하도록 우리 마음을 준비시켜 주소서. 수치심이나 혐오감이 있다면 극복하도록 도와주소서. 성에 대해 부정적인 마음이 있다면 우리 마음과 생각이 바뀌어 하나님의 선물로 받아들일 수 있게 하소서. 주님께서 설계하신 결혼의 모든 면을 온전히 받아 누리고 싶습니다. 예수님의 이름으로 기도합니다. 아멘.

최고의 선물

12

> 우리 주 예수 그리스도의 하나님, 영광의 아버지께서 지혜와 계시의 영을 너희에게 주사 하나님을 알게 하시고 너희 마음의 눈을 밝히사 그의 부르심의 소망이 무엇이며 성도 안에서 그 기업의 영광의 풍성함이 무엇이며 … 믿는 우리에게 베푸신 능력의 지극히 크심이 어떠한 것을 너희로 알게 하시기를 구하노라.
>
> — 에베소서 1장 17~19절

당신이 배우자에게 줄 수 있는 최고의 선물은 배우자가 하나님과 더 가까워지며 날마다 그분의 임재를 받아 누리도록 배우자를 돕는 것이다. 그러면 당신 쪽에서도 되로 주고 말로 받게 된다.

결혼 생활에서 내 변화와 태도 수정의 90%는 아내에게 지적받아서가 아니라 기도 시간의 결과였다. 그 시간에 하늘 아버지께서 내 잘못을 깨우치시고 아내가 그분의 딸임을 상기시키시며 변화를 요구하셨다. 그때부터는 리자와 나 사이의 문제라기보다 하나님과 나 사이의 문제였다.

잔소리는 아내에게도 남편에게도 통하지 않는다. 잦은 잔소리가 부부 관계에 좋은 쪽으로 중대한 영향을 미친 예는 결혼의 역사를 통틀어 전혀 없을 것이다.

그런데 성령께서 깨우치시면 어떨까?

효과가 확실하다.

하나님을 꾸준히 만나도록 평소에 배우자를 격려하고 지지해 주면, 배우자가 너무 바쁘거나 산만하거나 그냥 열정을 잃어 결혼 생활에 심드렁해질 때 하나님이 당신의 가장 큰 응원자가 되신다.

그동안 내가 깨달은 사실이 있다. 내가 하나님께 받는 게 적을수록 아내에게 요구하는 게 많아진다. 반대로 하나님께 받는 게 많을수록—그러려면 예배하고, 기도하고, 말씀을 공부하고, 생명을 주시는 하나님의 임재에 마음을 열어야 한다—아내를 더 잘 사랑할 수 있고, 좋은 남편이 되려는 의욕도 강해지고, 아내에게 요구하기보다 아내를 더 기꺼이 섬기게 된다.

그래서 당신이 장래의 배우자에게—또한 자신에게—줄 수 있는 최고의 선물은 상대를 도와 시간과 열심을 내서 꾸준히 하나님과 소통하게 하고 당신도 똑같이 하는 것이다. 주중과 주말과 심지어 신혼여행 중에도 귀중한 시간을 내서 하나님을 향한 마음을 가꾸고 그분의 임재를 누리라. 지역 교회의 활동적인 일원이 되기로 결심하라. 그러면 그 공동체가 당신에게 꾸준히 영적 감화를 끼쳐 당신의 마음과 삶 속에 하나님의 자리를 내게 해 줄 것이다.

결혼 생활에는 새로운 영적 성숙이 요구된다. 성품이 새로워져야 하고 이기심을 더 버려야 한다. 새로운 도전이 이어지고 여태 숨겨져 있던 약점이 드러난다. 결혼하고 나면 이전 어느 때보다도 더 하나님이 절실히 필요해진다. 그거야 문제 될 게 없다. 그분은 능하신 근원, 믿을 만한 친구, 막강하신 동맹, 공감의 위로자, 어둠 속의 빛이시기 때문이다. 생명력 있고 영혼에 만족을 주는 멋진 결혼 생활을 원한다면 반드시 새로운 열정으로 하나님을 추구하며 그리스도 안의 삶의 비결을 배워야 한다. 그 삶은 살아 계신 인격적 근원으로부터 흘러나오는 생활 방식이며 한낱 종교나 의무나 죄책감이 아니다. 그분은 당신을 통해 당신의 배우자를 사랑하기 원하신다.

결혼 첫해에 《영성에도 색깔이 있다》(CUP 역간)를 통독할 것을 권한다. 하나님과 소통하는 방식은 만인이 똑같지 않다. 그 책을 통해 하나님이 당신을 어떻게 지으셨는지를 더 잘 이해할 수 있다. 그리하여 '큐티' 또는 경건의 시간을 당신에게 맞게 다듬어 나갈 수 있다.

당신은 전통주의자라서 예로부터 행해진 의식과 관습을 통해 하나님을 가장 생생히 만날지도 모른다. 당신이 지성주의자라면 하나님에 대한 새로운 개념이나 진리를 배울 때 심령이 가장 깨어날 것이다. 어쩌면 당신은 야외에서 하나님이 가장 잘 느껴지는 자연주의자거나 즐거이 오감을 다 동원해 예배하는 감각주의자일 수도 있다. 그 외에도 살펴볼 유형이 몇 가지 더 있다.

자신의 영적 기질(또는 '영성의 색깔')을 알면 그에 맞는 '처방전'을 써서 더 의지적으로 하나님을 만나고 그분에게서 받을 수 있다. 배우자의 기질을 알면 덕분에 배우자에게, 마음과 생각을 하나님께 바치는 데 필요한 시간과 공간을 내줄 수 있다. 배우자에게 하나님과 소통할 시간을 내주고 그분을 계속 더 추구하도록 격려해 주는 일이야말로 당신이 남편이나 아내로서 할 수 있는 가장 너그럽고 지혜로운 사랑의 행위 중 하나다. 아울러 결국 당신에게도 큰 도움이 된다.

당신의 삶에 미치는 하나님의 영향력이 커질수록 결혼 생활도 그만큼 더 좋아진다. 그분은 당신을 도우셔서 남들을 더 사랑하게 하신다. 수많은 결혼을 무너뜨리는 옹졸한 죄와 좁은 속셈도 그분이 주시는 능력으로 물리칠 수 있다. 그분이 공급해 주시는 더 큰 인내와 온유와 용기와 겸손과 관용은 모두 당신 부부의 연합에 큰 복이 된다.

하나님의 임재야말로 결혼 생활의 최대 원동력인데도 사장되기 일쑤다. 주 1회의(또는 그보다 뜸한) 교회 예배와 형식적인 개인 '기도' 시간으로 만족하는 부부가 너무 많다. 죄책감이 너무 심하지만 않을 정도에서 그친다.

시간을 내서 하나님을 꾸준히 만나면 당신도 나처럼 그 시간을 날로 더 사모하게 될 것이다. 특히 그분과 함께 보내는 시간을 각자 자유로이 맞춤형으로 가꿀 수 있다면 더 그렇다. 두 사람이 서로 더 가까워지려거든 먼저 하나님과 더 가까워지는 게 가장 확실한 방법임을 잊지 말라. 그분으로부터 은혜와 의욕과 사랑을 공급받아야 더 친밀한 결혼 생활로 나아갈 수 있다.

Soul Food

생명력 있고 영혼에 만족을 주는
멋진 결혼 생활을 원한다면
반드시 새로운 열정으로
하나님을 추구해야 한다.

짝꿍과 함께 차를 마시며

- 하나님을 꾸준히 만나려는 현재의 의욕을 1부터 10까지로 표시한다면(1은 의욕이 전무한 상태, 10은 최고로 뜨거운 상태) 자신에게 몇 점을 주겠는가?

- 하나님을 꾸준히 만난다면 두 사람이 서로를 대하는 방식이 어떻게 근본적으로 변할 수 있겠는지 세 가지만 꼽아 보라. 또 그것이 앞으로 결혼 생활에는 어떻게 복이 되겠는가?

- 이 원리를 실천하기 위해 당신이 결혼 첫해에 할 수 있는 일은 무엇인가? 성장에 도움이 될 만한 건강한 교회를 선택해 함께 신앙생활을 하겠는가?

하늘에 계신 아버지여, 주님은 모든 기쁨과 힘과 사랑과 생명의 근원이십니다. 우리를 점점 더 주님으로 충만하게 하셔서 주님이 우리 결혼의 중심이 되시기를 원합니다. 우리에게 갈급함을 주셔서 주님을 추구하고 삶 속에 주님의 자리를 내드리게 하소서. 주님을 가장 잘 만날 수 있는 방법을 찾아내도록 도와주소서. 우리에게 새로운 열정을 주셔서 주님께로 이끄시고 서로에게로 이끄소서. 예수님의 이름으로 기도합니다. 아멘.

거짓말을
믿지 말라
13

> "마귀[는] … 처음부터 살인한 자요 진리가 그 속에 없으므로 진리에 서지 못하고 거짓을 말할 때마다 제 것으로 말하나니 이는 그가 거짓말쟁이요 거짓의 아비가 되었음이라."
>
> —요한복음 8장 44절

결혼식 전이든 후든 사탄은 당신에게 기발한 거짓말을 일삼을 것이다. 아마 오늘도 당신에게 거짓말했을 것이다.

예수님은 사탄을 '거짓의 아비'라 칭하셨다. 사탄의 손에 결혼 생활이 결딴나고 싶지 않거든 그의 거짓말을 분별할 줄 알아야 한다.

사탄은 결혼 생활에 으레 있을 수 있는 침체 상태를 인생 전체로 부풀려 "나아지지 않을 거다. 나아질 수 없다. 네 희망이라곤 결혼을 끝장내는 것뿐이다"라고 속삭인다. 예수께서 말씀하셨듯이 사탄은 "도둑질하고 죽이고 멸망시키려는 것뿐"이다(요 10:10). 그러니 해법으로 "끝장내라"라는 말이 들리거든 누구의 말인지 뻔하다.

사탄은 당신의 말을 배우자가 "생전 듣지 않는다"라고 말한다. 당신을 한번 무시했다는 이유로 말이다. 사탄은 당신의 배우자가 '항상' 이기적이라고 말한다. 그날 하루 명백히 이기적이었을 수도 있다는 이유로 말이다. 이처럼 행동 하나를 빌미로 그 사람과 인생 전체를 색칠하는 게 사탄의 단골 수법 중 하나다.

사탄은 문제만 아니라 '해법'에 대해서도 거짓말한다. 그는 당신의 배우자를 실망하게 할 뻔한 대응 전략을 내놓는다. 그러면서 그것에 대해 당신의 거짓말을 부추긴다. 배우자에게 거짓말하면서 친밀해질 수는 없으니 사탄은 일종의 결혼 방해 공작에 당신을 끌어들이는 셈이다. 배우자 앞에서 행하기에 부끄러운 일이라면 그거야말로 설령 배우자가 곁에 없더라도 결코 해서는 안 될 확실한 이유다.

사탄은 거짓말로 당신이 의지할 평안의 기초마저 앗아가려 한다. 윌리엄 거널이 19세기의 고전 《그리스도인의 전신갑주》(CH북스 역간)에 경고했듯이 사탄은 우리를 **죄짓게** 만들지 못하겠으면 대신 **안달하게** 만든다. "사탄의 졸개들을 막아 기쁨을 앗아가거나 평안을 변질시키지 못하게 하는 것보다 여름날 찬장의 파리떼를 쫓아내는 게 더 쉽다."[1] 결혼 생활과 배우자에 대한 당신의 사고방식이 기쁨과 평안을 앗아간다면, 적어도 영적 공격일 가능성을 생각해야 한다.

거짓말이 들려오는데도 막아내지 않으면 그게 진실이 아님에도 당신에게는 '진실'이 된다. 그래서 우리는 항상 숙련된 거짓말 탐지기가 되어야 한다. 다음과 같이 힘차게 맞서 싸우라.

"남편의 일진이 나빴을 뿐이지 나쁜 배우자는 아니야."

"아내가 약간 이기적일 때도 있지만 지난주에는 내 뜻을 다 받아 주었잖아."

"우리는 함께 휴가 가는 데는 별로지만 함께 섬길 때는 척척 잘 맞거든."

"성생활이 전처럼 최고는 아니겠지만 여전히 서로를 즐거워하잖아. 노력도 가능하고. 이보다 훨씬 더한 문제에 부딪친 부부도 많은걸."

결혼하면 새로운 영적 세계에 들어서므로 영적 취약점도 새로 딸려온다. 멋진 결혼을 정말로 가꾸고 지키려거든 싫든 좋든 영적 전투에 가담해야 한다. 사탄의 거짓말을 찾아내 폭로하고 격파하라. 그렇지 않으면 그의 거짓말에 당신의 기쁨은 물론 결혼 생활까지 끝장날 수 있다.

Soul Food

멋진 결혼을 정말로
가꾸고 지키려거든
싫든 좋든
영적 전투에 가담해야 한다.

짝꿍과 함께 차를 마시며

- 당신의 생각 속에 거짓말이 심어졌던 때를 떠올려 보라. 관련 상대는 지금의 약혼자일 수도 있고 다른 친구일 수도 있고 부모일 수도 있다. 진실이 밝혀지기 전까지 그 거짓말이 어떻게 관계에 부정적 영향을 미쳤는지 대화해 보라.

- 현재의 약혼 관계에서 당신이 진실처럼 위장하고 있는 거짓은 무엇인가? 결혼하기 전에 뿌리 뽑아야 할 거짓은 무엇인가? 그런 거짓이 결혼 후에 어떻게 되살아날 수 있겠는가?

- 사탄은 거짓의 아비고 예수님은 진리로 자칭하셨으니 당신 커플은 서로 거짓말할 때마다 영적으로 어느 쪽에 충성하고 있는지를 드러내는 셈이다. 지금부터 앞으로 쭉 서로 절대적으로 진실하기로 서약하겠는가?

예수님, 주님께서 사탄을 이기셨음을 압니다. 제자들에게 사탄의 거짓말을 조심하라고 가르치신 주님께서 우리에게도 사탄이 거짓말과 절반뿐인 진실과 왜곡으로 결혼 생활을 공격해 올 테니 명심하라고 경고하십니다. 복종하는 마음과 생각을 주셔서 성경과 주님의 세미한 음성에 따르게 하소서. 그리하여 주님의 가르침에 더 깨어 있고 사탄의 속임수를 더 잘 탐지하게 하소서. 주님의 양은 주님의 음성을 듣는다고 약속하셨지요. 지금은 물론이고 결혼 후에도 그 음성을 더 똑똑히 듣도록 도와주소서. 예수님의 이름으로 기도합니다. 아멘.

결혼은 팀 스포츠다

14

너희가 더욱 힘써 너희 믿음에 덕을, 덕에 지식을, 지식에 절제를, 절제에 인내를, 인내에 경건을, 경건에 형제 우애를, 형제 우애에 사랑을 더하라. 이런 것이 너희에게 있어 흡족한즉 너희로 우리 주 예수 그리스도를 알기에 게으르지 않고 열매 없는 자가 되지 않게 하려니와.

— 베드로후서 1장 5~8절

2016년 하계 올림픽에서 미국 비치발리볼팀의 케리 월시 제닝스와 에이프릴 로스는 준결승전에서 고전하다 브라질 팀에 졌다. 올림픽 여자 비치발리볼 역사상 최다 우승에 빛나던 제닝스는 그날 일진이 좋지 못했다. 그래서 브라질 팀은 그녀를 과녁으로 삼아 대부분의 공격을 그쪽으로 보냈다. 미국 팀은 한 세트도 못 이기고 완패해 충격을 안겨 주었다. 제닝스가 올림픽 경기에서 패하기는 그때가 처음이었다.

훌륭하게도 제닝스는 책임을 인정하고 이제부터라도 더 잘해야겠다고 말했다. 그리고 실제로 로스와 함께 동메달을 땄다.

결혼도 비치발리볼과 비슷하게 둘이 한 팀이며, 팀의 실력은 둘 중 더 약한 선수의 수준을 넘어설 수 없다. 한쪽에 고질적 약점이 있으면 그만큼 결혼 생활이 힘들어진다.

프랭크 쇼터(Frank Shorter)는 자서전 *My Marathon*(나의 마라톤)에 어느 정예 마라톤 대회든 우승할 체력을 갖춘 주자는 열 명쯤에 불과하다고 말했다. 1972년 올림픽 남자 마라톤은 올림픽 선수촌에 발생한 테러 공격 때문에 하루 연기되었다. 그해 세계 최단 기록을 보유한 주자가 프랭크와 함께 점심을 먹으며 이 연기가 재앙이라고 불평했다. 날짜까지 신중히 맞추어 훈련했기 때문에 경주가 다른 날로 밀리면 모든 게 망가진다는 것이었다.

프랭크는 훨씬 더 느긋하게 "이보게, 우리가 평생을 준비해 온 경주인데 하루 때문에 크게 달라질 게 있겠나"라고 대답했다. 이어 독자들에게 덧붙이기를 아무리 그해 세계 최단 기록의 보유자일지라도 그 선수가 금메달을 따지 못할 것을 자기는 그 순간에 알았다고 했다. 그 선수는 경주가 시작되기도

전에 이미 말로 시상대를 박차고 내려온 셈이었다.

이 대목을 리자에게 읽어 주었더니 아내는 "당신하고 똑같네요!"라고 말했다.

"그러게 말이오!" 나도 인정했다. "하지만 나도 프랭크 쇼터 쪽에 더 가까워지고 싶다오."

우리 부부의 결혼 생활이 더 좋아지려면 부득이한 환경에 집착할 게 아니라 변화에 적응할 줄 알아야 한다. 뜻밖의 방해에 부딪칠 때 최악의 경우를 생각하지 말아야 한다. 내가 부정적인 쪽으로 자꾸 집착하는 한 결혼 생활도 힘들어지고 내 기쁨과 평안과 자신감도 흔들릴 것이다.

그러니 결혼을 준비하는 지금, 당신의 성격 중 고쳐졌으면 싶은 부분을 생각해 보라. 지금 고치지 않으면 그 부분 때문에 나중에 결혼 생활이 힘들어진다. 부부란 비치발리볼팀과 같음을 잊지 말라. 당신이 재정적 책임감이 강해도 배우자가 그렇지 못하면 부부가 재정난에 빠질 수 있다. 당신은 당나귀 이요르고 배우자는 호랑이 티거라면(둘 다 〈곰돌이 푸〉의 등장인물이다-역주) 각각 부정적 태도나 충동성이 결혼 생활에 악영향을 미칠 것이다. 결혼하고 나면 더는 혼자가 아니다. 당신에게 있고 없는 모든 부분이 긍정적으로든 부정적으로든 결혼 생활에 영향을 미친다.

결혼을 비치발리볼에 비유한 데는 이런 의미가 있다. 즉 결혼 후에 배우자에게 줄 수 있는 최고의 선물 중 하나는 당신이 주님 안에서 계속 성장하겠다는 다짐이다. 낭만적 감상을 고집한다면("왜 남편은 그냥 나를 있는 그대로 사랑하지 못할까?") 당신은 건강한 결혼 생활보다 그리고 배우자에게 복을 끼칠 생각보다 영적 게으름을 앞세우는 것이다. 더 낫고 성숙한 나를 배우자에게 선물할 기회가 내게 주어져 있다. 그래서 나는 너무 이기적이거나 게을러질 마음이 없고, 아내가 받아 준다 해서 너무 안일해지고 싶지도 않다. 오히려 내가 달라지면 아내에게 복이 될 수 있다.

말씀과 성령을 통해 하나님은 우리의 성장에 필요한 모든 것을 마련해 놓으셨다. "그의 신기한 능력으로 생명과 경건에 속한 모든 것을 우리에게 주셨으니 이는 자기의 영광과 덕으로써 우리를 부르신 이를 앎으로 말미암음이라"(벧후 1:3).

성장 부진도 본인의 **선택**이라는 뜻이다. 그리스도인은 자신이 원하기만 하면 성장할 수 있다.

당신에게 성장이 필요한 부분은 어디인가? 결혼 생활을 위축시킬 만한 개인적 약점은 무엇인가? 결혼하기 전인 지금부터 가장 약한 부분을 고쳐 영적으로 자신을 준비하라.

Soul Food

결혼하고 나면 더는 혼자가 아니다.
당신에게 있고 없는 모든 부분이
긍정적으로든 부정적으로든
결혼 생활에 영향을 미친다.

짝꿍과 함께 차를 마시며

- 팀으로서 약점을 고치는 일은 여태 개인으로서 각자의 약점을 대하던 방식과는 어떻게 다른가?

- 당신이 이 결혼에 들여놓게 될 '약점 부분'은 무엇인가? 어떻게 지금부터 고칠 수 있겠는가?

- 더 성숙하게 자라 가도록 서로 부드럽게 격려해 줄 최선의 방법을 토의해 보라. 서로 잔소리하거나 비난하고 싶지는 않을 것이다. 그러니 성장이 필요한 부분을 장래의 배우자로부터 어떻게 사랑으로 지적받고 싶은지, 자신에게 가장 좋고 건강한 방법을 서로 알려 주라.

하늘에 계신 아버지여, 장래의 배우자가 기꺼이 저를 있는 그대로 받아 주니 주님께 무한히 감사드립니다. 그래도 제가 점점 더 성숙하게 자라 가도록 도와주소서. 주님께 순복하며 거룩한 삶에 힘쓰려는 열망을 주소서. 그래서 제가 결혼 생활을 저해하는 약점 부분이 되지 않게 하소서. 그리스도 안에서 말씀을 통해 저의 성장에 필요한 모든 것을 주셨으니 이 놀라운 약속으로 인해 감사드립니다. 예수님의 이름으로 기도합니다. 아멘.

Immature love says, I love you because I need you,
mature love says, I need you because I love you.

미숙한 사랑은 '당신이 필요해서 사랑한다'고 말하지만
성숙한 사랑은 '사랑하니까 당신이 필요하다'고 말한다.

— 윈스턴 처칠 Sir Winston Churchill —

다른 영혼을 유혹하는 죄

15

> 예수께서 제자들에게 이르시되 "실족하게 하는 것이 없을 수는 없으나 그렇게 하게 하는 자에게는 화로다. 그가 이 작은 자 중의 하나를 실족하게 할진대 차라리 연자 맷돌이 그 목에 매여 바다에 던져지는 것이 나으리라. 너희는 스스로 조심하라."
>
> —누가복음 17장 1~3절

내 아내는 '보글'이라는 게임을 즐긴다. 워낙 잘하기도 해서 게임 상대로 나서려는 이가 별로 없다. 그래도 아내의 생일과 어머니날에, 그리고 대개 명절 기간의 적어도 하룻저녁에는 가족들이 상대가 되어 준다.

사랑하는 아내나 엄마가 그토록 좋아하는 일이기에 우리도 동참할 수밖에 없다.

리자는 자전거 타기도 좋아한다. 그래서 나도 예전보다 자전거를 훨씬 많이 탄다. 나야 달리기가 더 좋지만, 아내가 자전거를 즐겨 타니 나까지 물이 들었다.

좋아하고 즐기는 일을 부부간에 서로 따라 한다는 이 원리는 취미에 관한 한 좋다. 그러나 같은 원리가 죄에 적용되면 영적으로 위험한 독소가 된다.

당신이 태도상의 어떤 죄를 고수한다면 배우자까지 그 죄에 끌어들이고 싶을 때가 오게 마련이다.

결혼은 자체 내에 격려, 지지, 열정, 사랑, 섬김, 충절 등 영광스러운 선의 위력을 내포하고 있다. 이런 도구를 통해 우리는 누구에게도 하지 못할 방식으로 이 한 사람에게 복을 끼칠 수 있다. 그러나 이 잠재력에는 해로운 이면이 있으니 곧 유혹의 장도 함께 열린다는 것이다. 그 장을 악용하면 크고 중한 악을 저지를 수 있다.

죄를 남겨 두면 마치 유조선에서 유출된 기름을 가둘 수 없듯이 죄도 다 억제할 수 없게 된다. 본질상 죄는 마구잡이로 사납게 퍼져 나간다. 손쓸 수 없을 정도로 증식한다. 우리가 죄에 굴할수록 죄는 더 강하게 우리를 지배한다. 그래서 주변 사람들까지 그 죄에 전염되기가 아주 쉬워진다.

문제는 유혹에서 자유로운 사람이 아무도—단 한 명도—없다는 사실이다. 유혹은 때로 맹렬하며, 삶이란 곧 유혹의 연속이다. 때로 우리는 넘어진다. 그럴 때면 우리는 예수님 안에서 누리는 하나님의 은혜와 회복으로 인해 감사한다. 그러나 특히 결혼과 관련해 특별히 주의해야 할 유혹의 일면이 있다. **배우자를 유혹에 끌고 들어가서는 안 된다**는 것이다.

지난날의 설교자 클래런스 매카트니는 이런 말을 남겼다.

> 유혹자의 화살에 우리가 얼마나 찢기고 상했든 간에 적어도 다른 영혼을 유혹하는 죄만은 절대로 지어서는 안 된다. 지옥에 형벌의 등급이 있다면―적고 많은 부류에 대한 예수님의 말씀에 그렇게 암시된 듯하다―반드시 가장 혹독한 징벌은 고의와 악의로 타인을 유혹한 이들의 몫이라야 한다.[1]

우리는 어떻게 배우자를 유혹할까?

당신이 거짓말쟁이라면 결국 자신의 죄를 덮고자 남편에게까지 거짓말을 부탁하게 될 것이다. 가장 친한 친구나 가장 가까운 친척이나 정부 관리에게 거짓말해 달라고 남편에게 요구할 것이다. 그렇게 되면 당신은 새로운 차원의 악에 들어가 결혼의 친밀함을 악용하는 것이다.

당신이 어떤 성적인 죄에 매여 있다면 아내까지 그 죄에 가담시키려 할 때가 아마 올 것이다. 공상에 빠지는 것만으로 더는 양에 차지 않아 그대로 해 보고 싶어질 수 있다. 그러면 아내는 당신을 기쁘게 하고도 싶고 당신을 즐기고도 싶은 마음에 더욱 강한 유혹을 느낀다. 스스로는 생각조차 못했을 죄임에도 말이다. 이는 부부의 침소와 연합을 위협하는 심각한 배신이다.

당신이 부정적이거나 험담에 능하다면 배우자까지 끌어들여 남을 비판하게 하거나 하나님이 베푸신 복인데도 감사에 인색해지게 할 수 있다. 교회를 나설 때도 예배에 만족하기보다는 목사의 말 중에서 자칫 오해될 수 있는 그 한 문장을 지적할 것이다. 또 하나님의 공급에 함께 감사하기는커녕 집이나 자동차나 삶이 다 '완벽하지는' 않다고 끊임없이 불평을 늘어놓으며, 정말 모든 게 완벽해질 때까지 자족하지 못할 것이다.

이상은 세 가지 예에 불과하다. 당신이 예를 더 보태도 좋다. 어쨌든 그러한 생각만으로도 충분히 경각심을 느껴 우리는 배우자를 위해 거룩함을 추구해야 한다. 나는 내 죄가 싫고 내가 유혹받는 방식도 싫다. 이토록 싫은 것을 소중한 아내의 삶에까지 퍼뜨리고 싶은 마음은 추호도 없다.

죄를 품고 사는 한 배우자까지 위험에 빠뜨릴 수밖에 없다. 당신이 무관심하여 죄를 막아낼 철벽같은 마음을 가꾸지 않는다면, 이는 외출할 때 게을러서 집 문을 아예 닫지도 않는 남자와 같다. 무엇이든 원하는 대로 들어오라고 말이다.

우리가 특정한 단지의 주택을 구입한 이유는 방범 장치가 된 담장에 둘려 있기 때문이기도 하다. 바깥문은 철벽같고 반대쪽은 높다란 철조망 담이다. 이 단지는 휴스턴 도심지에 있어서 안타깝게도 범죄가 적잖이 발생한다. 아침에 아내를 두고 집을 나설 때마다 나는 안문과 바깥문을 둘 다 잠근다. 적어도 두 겹의 강고한 울타리로 인해 아내가 안전함을 알기까지는 내 마음이 편하지 않다.

그런데 물리적 문은 잠그면서 영적 문은 열어 둔다면 얼마나 어리석겠는가? 물리적 절도로부터 집을 보호하면서 나의 약점 때문에 사탄에게 아내의 마음과 영혼에 침입할 대로를 열어 준다면 얼마나 미련하겠는가?

배우자에게 독이 될 만한 것이면 자신의 영혼 속에 받아들이지 말라. 당신만의 문제가 아니다. 결혼하는 순간 당신이 추구하는(또는 추구하지 않는) 거룩함은 배우자에게 지대한 영향을 미친다.

Soul Food

죄를 품고 사는 한
배우자까지
위험에 빠뜨릴 수밖에 없다.

짝꿍과 함께 차를 마시며

- 현재 당신이 겪는 유혹 중 장래의 배우자에게 가장 영향을 미칠 만하거나 가장 유혹이 될 만한 것을 한두 가지 꼽아 보라. 어떤 유혹이겠는지 상대 쪽의 생각을 서로 물어보라.

- 이 부분에서 약혼자에게 당신을 위해 기도해 달라고, 나아가 어쩌면 당신을 감시해 달라고 청하겠는가? 어떤 방식이 될지 토의해 보라.

- 당신의 취약한 부분에 도움이 될 만한 대화 상대나 두 사람이 함께 읽을 만한 책이 있는가? 그 사람을 만날 약속을 잡거나 그 책을 함께 읽어 보라.

하늘에 계신 아버지여, 저는 장래의 배우자가 매일 주님과 더 가까워지도록 돕고 싶습니다. 배우자를 유혹해 주님에게서 멀어지게 하는 일은 하고 싶지 않습니다. 제 마음과 영혼을 영적으로 깊이 다루어 주소서. 현재 제가 겪는 여러 유혹을 배우자에게까지 퍼뜨리지 않게 하소서. 늘 깨어 있어 승리를 얻도록 도와주소서. 예수님의 이름으로 기도합니다. 아멘.

최고의
본보기

16

우리는 하나님을 두려워하는 가운데서 거룩함을 온전히 이루어 육과 영의 온갖 더러운 것에서 자신을 깨끗하게 하자.

—고린도후서 7장 1절

부모에게 자녀를 기르는 **방법**을 말해 주는 성경 구절이 얼마나 적은지 생각해 보았는가? 생각해 보면 정말 놀랍다. 자식을 키우는 '하나님의 방법'을 찾아냈다고 말하는 책은 수없이 많다. 그러나 아무리 기를 쓰고 보아도 그런 본문은 신약 전체에 고작 몇 구절이고 구약에도 그리 많지 않다.

이 침묵의 배후에 메시지가 있다. 성경이 말하는 영향력의 출처는 방법론이 아니라 본보기다. 그 명제에 대해서라면 성경은 침묵하지도 않고 인색하지도 않다. 아내는 남편에게 본을 보여야 한다(벧전 3:1). 예수님의 제자도는 "내가 너희에게 행한 것같이 너희도 행하게 하려 하여 본을 보였노라"(요 13:15)였다. 바울은 고린도 교인들에게 자기가 그리스도를 본받는 것처럼 자기를 본받으라고 했고(고전 11:1), 디모데와 디도에게도 목회 리더십은 다분히 맡겨진 이들에게 본이 되는 데 있다고 일렀다(딤전 4:12, 딛 2:7).

하나님이 자녀의 복을 주실 때 장래의 자녀는 영적으로 당신에게 맡겨진다. 생물학적 자녀가 없더라도 당신이 신실한 그리스도인이라면 영적 자녀를 격려하고 섬기게 마련이다. 그래서 당신은 최고의 본보기가 되고자 애써야 하며 지금부터 **시작해야** 한다. 이것이 성경적 관점의 영향력의 출처다.

어떤 의미에서 결혼의 헌신은 우리를 장성하거나 적어도 더 깊어지도록 떠민다. 그렇다고 독신자들이 태평하고 이기적이라는 말은 아니다. 천만의 말이다. 다만 결혼에 헌신하고 출산의 가능성을 열어 둔다는 것은 틀림없이 우리를 성숙으로 이끄는 엄숙한 소명일 수 있다. 나의 행동과 습관이 배우자에게 직접 영향을 미치고, 자녀도 똑같이 나의 됨됨이에 영향을 입기 때문이다.

남에게 영향을 미친다는 이 소명을 바탕으로 바울은 우리에게 "육과 영의 온갖 더러운 것에서" 자신을 깨끗하게 하라고 명했다(고후 7:1). 물론 자신을 "깨끗하게 하"려면 우선 그리스도의 은혜와 용서를 받아야 하지만, 거기서 끝나지 않는다. 그래서 바울은 (행동의 지속을 의미하는 현재 시제를 써서) "하나님을 두려워하는 가운데서 거룩함을 온전히 이루"라고 덧붙였다.

거룩함은 우리가 '온전히 이루어' 가는 것이다. 물론 성장에는 끝이 없다. 나쁜 습관을 다 정복하거나 항상 원하는 대로 옳은 일만 하지도 못한다. 그럼에도 바울은 거룩함을 추구하는 게 모든 그리스도인의 목표여야 한다고 단언한다.

당신이 편견을 품은 채로 결혼하면 아마 배우자를 넘어뜨릴 것이다. 당신이 기르는 자녀도 인종이나 계층에 대한 편견을 품을 수 있다. 화목하게 하시는 하나님의 사랑의 메시지를 퍼뜨리기는커녕 미움과 차별의 집안을 조장할 것이다. 경멸의 마음을 숨길 수는 없다. 당신이 말하고 보고 행동하고 남을 대하는 방식을 장래의 자녀가 지켜볼 것이다.

여성관이 본래 부정적인 남자나 남성관이 본래 부정적인 여자가 결혼 전에 이를 해결하지 않으면 부부 관계에 엄청난 어려움이 닥친다. 자녀도 장래의 배우자와 건강한 관계를 맺는 데 그만큼 더 지장을 받는다.

당신은 돈을 마구잡이로 쓰는 습관이 있는가? 건강하지 못한 식습관 때문에 건강에 문제가 있는가? 자신의 몸을 돌보지 않는가? 교만하거나 탐욕이 많거나 매정한 사람인가? 이런 모든 약점이 부부 관계에만 아니라 장래의 자녀에게까지 악영향을 끼친다.

이런 문제는 하룻밤 사이에 해결할 수 없는 경우가 많다. 단칼에 끊기가 어렵다. 아기가 태어날 때까지 7개월이 남았을 경우, 아기방을 꾸미고 침대를 구하고 옷가지를 사는 등 아기를 삶 속에 맞이하는 데 필요한 물리적 조처를 할 시간은 아직 넉넉하다. 그러나 7개월은 편견, 미움, 자기혐오, 중독, 게으름 등을 몰아내는 데는 전혀 충분한 기간이 못 된다.

당신이 (육적으로든 영적으로든) 어떤 엄마나 아빠가 되고 싶은지 생각해 보라. 그 비전이 실현되려면 당신은 어느 부분에서 자라야 할까? 용감하다면 서로 이렇게 물어보라. "당신 생각에 내가 성장해야 할 부분은 어디인가요? 변화되어야 할 점은 무엇인가요? 길러야 할 좋은 습관과 끊어야 할 나쁜 습관은 무엇인가요?"

자녀 양육을 위한 영적 준비는 **지금부터** 시작되어야 한다. 그러니 서로 시작하도록 도와주라. 헬스장에서 함께 운동하면 재미있게 친밀해질 수 있듯이 서로 영적 성장을 격려해 주어도 똑같은 효과가 있다. 관건은 서로의 실패를 잡아내 창피를 주는 "딱 걸렸어"의 영성이 아니라 은혜와 이해와 용서 속에 태동하는 상호 격려에 있다.

신나는 추구가 되게 하라. '최고의 본보기'가 되도록 훈련하라.

Soul Food

당신이 편견을 품은 채로 결혼하면
아마 배우자를 넘어뜨릴 것이다.

짝꿍과 함께 차를 마시며

- 당신이 결혼하거나 부모가 되기 전에 제일 우선적으로 고쳐야 할 부정적 습관 두 가지는 무엇이라 보는가?

- 당신의 삶에 더 많아졌으면 하는 긍정적 특성이나 덕목은 무엇인가?

- 어떻게 하면 "하나님을 두려워하는 가운데서 거룩함을 온전히 이루어"가도록 서로를 도울 수 있겠는가? 은혜로 감시하고 격려하는 역할에 대해 토의해 보라.

- 장차 당신이 어떤 부모가 되고 싶은지 말해 보라. 어떻게 그 상태에 이를 수 있을지도 말해 보라.

하나님 아버지여, 주님을 위해 이 세상에 좋은 영향을 미치는 커플이 되고 싶습니다. 사랑과 은혜와 진실과 정직과 섬김에서 최고의 본보기가 되게 도와주소서. 우리에게 자녀의 복을 주신다면 주님께서 입으로 말해 주라고 가르치신 모든 내용을 삶으로도 본을 보일 수 있도록 도우소서. 예수님의 이름으로 기도합니다. 아멘.

Part 2

서약
준비

Preparing for Your Vows

서약은 중요하다.

설령 우리가 신중히 생각하지 않고 말한다 해도 하나님은 그 서약에 구속력을 부여하신다. 전통적 혼인 서약은 아주 의미가 풍부해서 미리 그 내용을 심사숙고하고 또 대화도 해 보면 결혼식 날이 한결 더 의미심장해질 수 있다.

이 책의 나머지는 전통적 서약을 한 소절씩 곰곰 생각하도록 돕기 위한 것이다. 그러면 자신이 정확히 무엇을 약속하는지 이미 들여다본 상태에서 나중에 말로 서약할 수 있다. 우선 전통적인 "혼인 서약 내용"부터 살펴본 뒤 실제 서약으로 넘어갈 것이다. 목표는 아주 중요한 이 서약의 각 단어가 의미하는 바를 당신이 미리 기도하고 생각하고 토의하는 데 있다. 이로써 당신은 자신이 선택한 결혼에 준비되고, 그 선택은 그만큼 더 의미와 위력을 얻게 된다.

당신의 결혼식에 전통적 서약을 넣지 않기로 할 수도 있다. 그렇더라도 결혼식을 앞둔 마음과 영혼을 이 서약으로 준비하면 큰 복이 될 수 있다.

혼인 서약 내용

신랑(신부)은 이 여자(남자)를 아내(남편)로 맞이하여 하나님의 규례와 혼인 언약을 따라 함께 살겠습니까? 아내(남편)를 사랑하고 위로하고 존중하며 병이 들었을 때나 건강할 때나 지켜 주고, 다른 사람을 다 버리고 아내(남편)에게만 도리를 다하기를 둘 다 살아 있는 한 그리하겠습니까? 그렇다면 "예"로 답하십시오.

당신이 받으려는 선물

17

"**신랑(신부)은 이 여자(남자)를 아내(남편)로 맞이하여…**"

장래의 배우자는 당신에게 가장 귀한 선물을 주려는 참이다. 바로 자기 자신이다. 결혼한 지 30년이 지난 지금도 나는 아내가 자신을 무제한으로 내게 주었고 지금도 주고 있다는 사실이 감격스럽다. 아내는 자신이 바라고 꿈꾸던 행복에 모험을 감행했다. 내가 아내를 대하고 말하는 방식에 아내의 행복이 영향을 입기 때문이다. 내가 장애를 입으면 아내도 취약해지며 그런 나를 돌보아야 한다. 아내는 날마다 내게 자신의 몸과 시간과 조언과 온기와 지성과 위로를 아낌없이 내준다. 그러기를 어언 30년이 넘었다!

한시라도 내가 이를 당연히 여겨서는 안 된다.

절대로 안 된다.

나는 이 선물에 보답하고 싶다. 마치 아내한테 껌을 건네받은 양 "어, 고마워요" 정도로 넘어갈 일이 아니다.

이 선물은 세월이 갈수록 작아져 이제 당연시해도 되는 게 아니라 오히려 더 커진다. 나도 사도 바울처럼 되고 싶다. 그는 빌립보 교인들에 대해 "내가 너희를 생각할 때마다 나의 하나님께 감사하며"라고 말했다(빌 1:3).

아무도 나와 결혼할 의무가 없음을 잊지 말라. 그렇다, 우리 중 누구도 남에게서 평생의 헌신을 받을 **자격**이 없다. 그래서 의사 표현은 이렇게 시작된다. "신랑(신부)은 이 여자(남자)를 아내(남편)로 **맞이하여** …"

이제 당신을 **기꺼이** 맞이하겠다는 사람을 만났으니 당신도 (결혼식 이후부터) 자신의 전 존재와 전 소유를 그 사람에게 돌려주라. 아무것도 남겨 두지 말라. 그 어떤 활동이나 취미나 이전의 관계(물론 하나님과의 관계는 예외다)도 배우자의 복지와 행복만큼 중요하지 않다. 장래의 자녀가 당신에게 큰 기쁨을 줄 수 있으나 자식도 결국 떠난다.

남은 평생 배우자 한 사람이 최우선이다.

당신 곁을 병중에나 가난할 때도 지키고, 당신의 성욕을 채워 주고, 당신을 최우선으로 돌보기로 헌신한 사람은 하나뿐이다. 이 정도면 엄청나서 거의 믿기 힘들 정도다.

바로 그것을 당신 커플이 서로에게 주려는 참이다.

직장의 사장이 당신에게 절대적 충성을 요구하거든 아무도 배우자보다 높을 수 없음을 기억하라. 당신을 해고할 수 있는 사람도 예외는 아니다. 자선 단체 쪽에서 당신이 시간과 돈을 바쳐 자원봉사를 해 주기를 원하거든 배우자의 축복 속에 하든지 아니면 아예 하지 말라.

항상 당신을 최우선에 두는 사람이 있다는 이 어마어마한 선물을 참으로 이해할진대, 성혼 선포와 행진 후에 당신의 입에서 배우자를 향해 "감사합니다, 감사합니다, **감사합니다**"라는 말부터 나와야 한다.

결혼식 후 첫날 아침에 당신의 첫 번째 결심은 무엇이어야 할까?

"어제 당신이 자신을 내게 주기로 서약했으니 나는 과분한 선물인 당신을 위해 남은 평생 계속 감사하며 살겠습니다."

Soul Food

아무도 나와 결혼할 의무가 없음을
잊지 말라. 그렇다,
우리 중 누구도 남에게서
평생의 헌신을 받을 자격이 없다.

짝꿍과 함께 차를 마시며

- 여태까지 누군가에게서 받았던 최고의 선물에 대해 서로 말해 보라. 그것을 당신 커플이 결혼식 날 서로에게 주려는 선물과 비교해 보라.

- 어떻게 하면 서로에게 주려는 이 선물을 늘 기억하여 그것이 상투적으로 되지 않게 할 수 있겠는가?

하늘에 계신 아버지여, 제 눈과 마음과 생각을 열어 주셔서 한 인간이 내게 전부를—자신의 미래와 희망과 모든 자원과 몸까지도—주기로 약속했다는 이 경이로움을 더 잘 이해하게 하소서. 그것이 결코 빛이 바래거나 상투적으로 되지 않게 하소서. 지금과 결혼식 날에 우리에게 정말 감사하는 마음을 주시고, 이 놀라운 선물인 배우자를 주심에 감사하며 살아가도록 도와주소서. 예수님의 이름으로 기도합니다. 아멘.

'나'에서 '우리'로 가는 여정

18

"하나님의 규례와 혼인 언약을 따라 함께 살겠습니까? …"

당신이 떠나려는 길은 '나'에서 '우리'로 가는 여정이라 해도 무방하다. 지금까지 평생(또는 생의 대부분)을 당신은 개인으로 살았다. 하나님 다음으로 최고의 충성 대상은 자신의 길과 행복과 만족이었다.

그게 끝나야만 결혼이 시작된다. 혼인 서약에 "예"라고 답하는 순간 당신은 '나'보다 '우리'가 중요해졌다고 동의하는 셈이다. 남은 평생에는 매사를 '무엇이 우리 **부부에게** 최선인가?'라는 틀 안에서 결정해야 한다.

이는 어디에 살고, 어떻게 살고, 무엇을 하고, 시간을 어떻게 쓰고, 돈을 어디에 쓰고, 어느 교회에 다니는가 등에 영향을 미칠 수밖에 없다. 단 하루라도 또는 한 번의 대화라도 '우리' 대신 '나'라는 출발점에서 시작하면 결혼 생활에 많은 다툼을 자초한다.

"휴가는 당연히 거기 가야지. 내가 제일 좋아하는 데니까."

"이사는 무조건 내 직장이 가까운 곳으로 가야 한다고 생각해요."

"명절에는 무조건 우리 집부터 가야지."

이제 매사를 '미결' 상태로 두어야 한다. 돈을 쓰는 방식과 저녁 시간과 주말과 명절을 보내는 방식을 재고해야 한다. 시간, 일정, 심지어 식사, 취침 시간, 거주지 등에 대한 우선순위도 재고해야 한다. **하나가 된다는 게 바로 그런 뜻이다.** 그렇지 않고는 집에 배우자가 아니라 룸메이트를 들이는 것과 같다. 하지만 그러면 좌절에 빠진다. 결혼의 헌신이 마땅히 그보다 깊어야 함을 당신도 속으로 알기 때문이다.

실제로 들어가 보자. 여태 내가 상담한 커플들은 진로에 대한 계획이 다양했다. 한 부부는 아내의 수입이 남편보다 네 배나 많았다. 계획대로 자녀를 일찍 낳으려면 필시 남편이 집에 남아 아이를 보아야 했다. 그 기간에 남편은 학업을 더 보충해 취업 경쟁력을 높이기로 했다. 그러다 1,600km나 떨어진 곳에서 아내에게 더 장래성 있는 일자리 제의가 들어오자 그들은 이사했다. 가정 전체에 그게 최선이었기 때문이다.

다른 젊은 부부는 자녀 양육을 5년쯤 늦추고 싶기는 했으나 자녀가 어린 동안에는 아내가 집에 있기로 했다. 혼전 상담을 위한 설문 조사에 그녀는 부부의 진로 계획이 똑같이 중요하다고 답했다. 그런데 대화 후에는 가정의 장기적 발전을 위해 먼저 남편을 내조해 직업상의 목표를 달성하게 하는 게 더 현명하겠다는 깨달음을 얻었다. 장차 남편 혼자 벌어야 할 중요한 시기가 닥쳐올 테니 말이다. 처음에는 그녀도 이를 머릿속으로 받아들이기 힘들었다. 왠지 불공평해 보였고 자신을 '살림하는' 여자로 생각하기가 정말 싫었다. 그러나 현실을 보면 그게 가장 이치에 맞았다. 동료들 사이에 중시될 법한 이상(理想)을 고수하기보다는 가정을 생각해서 최선의 길로 가는 게 더 중요했다.

많은 사람이 결혼에 끌고 들어오는 취미 생활도 재고의 대상이다. 독신자는 등반이나 기타 위험한 취미 활동에 가담할 수 있다. 그러나 딸린 식구가 있고 특히 자녀까지 생기면 그렇게 즐기던 여가 선용도 재고해야 한다. 독신 여자는 친구들의 유행에 따라 페이스북에 하루 두 시간씩을 들여도 우선순위를 문제 삼을 사람이 별로 없다. 그러나 결혼하면 하루 두 시간을 그렇게 보내는 게 최선의 시간 사용은 아닐 테고, 엄마가 되고 나면 더 말할 것도 없다. 독신 남자는 토요일마다 오전과 이른 오후까지 친구들과 함께 골프를 쳐도 무어라 할 사람이 별로 없다. 그러나 어린 자녀가 생기고 가계 예산이 빠듯해지면 그렇게 소모되는 시간과 돈이 사뭇 달라 보일 것이다.

매사가 어떻게 재평가되어야 하는지 알겠는가? 삶의 방향이 송두리째 뒤집힌다. 이제 더는 "내가 원하는 게 무엇인가?"가 아니라 "무엇이 **우리에게** 최선인가?"로 바뀐다.

예수님은 우리가 죽지 않으면 새 생명으로 다시 태어날 수 없다고 하셨다(요 12:24). 이는 결혼에도 딱 들어맞는 말씀이다. 개인인 자신이 죽지 않으면 부부로서 다시 태어날 수 없다. 이거야말로 당신의 생각과 감정과 태도와 기도에 변화를 요구하는 영적 실체다.

당신이 대체로 자기중심적인 사람이라면 결혼 전에 이 문제로 합심하여 기도하는 게 좋다. 이 문제로 둘이 대화하고, 믿을 만한 신앙의 선배들과도 의논하라. 그들의 말을 삶 속에 받아들이라. 정말 무엇과도 바꿀 수 없는 결혼 생활을 가꾸기 원할진대 이는 반드시 터득해야 할 요긴한 영적 기술이다.

Soul Food

개인인 자신에게
죽지 않으면
부부로서 다시 태어날 수 없다.

짝꿍과 함께 차를 마시며

◆ 결혼 후 당신이 가장 내려놓기 어려운 것은 무엇이겠는가? 취미 활동, 돈이나 시간을 쓰는 방식, 명절을 보내는 곳 등인가? 가장 힘들 것으로 예상되는 부분은 무엇인가?

◆ 다른 커플들에게 삶을 열어 보여 당신 커플의 어긋나고 부딪히는 갈망에 대해 함께 대화해 보겠는가? 서로 바라는 바가 부딪힐 경우 어떻게 커플로서 최선의 길을 찾아내겠는가? 찾아가서 분별과 조언을 구할 만한 대상으로 누가 좋을지 의논해 보라.

◆ 옷 입는 곳, 자동차 안, 가장 많은 시간을 보내는 방 등 매일 눈에 띄는 곳에 원한다면 성경 구절이나 간단한 문구("결혼은 '나'에서 '우리'로 가는 여정이다"와 같은)를 붙여 두라. 개인인 자신이 죽어야 함을 자꾸 떠올리기 위해서다. 그밖에 무엇이 또 이런 영적 태도를 유지하고 실천하는 데 도움이 되겠는가?

하나님 아버지여, 이 결혼에서 '나'보다 '우리'가 중요해지기를 원합니다. 그래야 주님께도 가장 영광이 되고 결혼 생활도 가장 행복해집니다. 그래서 구하오니 우리 마음속에 역사하셔서 이기심을 죽이게 하소서. 이제부터 생각을 고쳐 이 진리를 적용하게 도와주소서. 어떤 때 '나'를 앞세우는 버릇이 있는지 우리 각자에게 보여 주소서. 개인의 희생처럼 느껴져도 사실은 부부에게 최선의 길이니 희생의 기쁨을 알게 하소서. 두 사람이 하나가 된다는 게 영적으로 정말 어떤 의미인지를 새로이 보게 하소서. 예수님의 이름으로 기도합니다. 아멘.

If I know what love is,
it is because of you.

만약 내가 사랑이 무엇인지 안다면, 그건 당신 덕분이에요

─ 헤르만 헤세 Hermann Hesse ─

사랑으로
서로 종노릇하라
19

"아내(남편)를 사랑하고…"

결혼 생활은 모두 사랑으로 귀결된다.

예수님(요 13:34~35)과 베드로(벧전 4:8)와 요한(요일 3:11)이 칭송한 사랑을 바울은 갈라디아서 5장 13~14절에서 가장 충격적으로 이렇게 드높였다. "오직 사랑으로 서로 종노릇하라. 온 율법은 '네 이웃 사랑하기를 네 자신같이 하라' 하신 한 말씀에서 이루어졌나니."

복음을 대변하여 '사랑의 종'이 되는 게 형제자매를 향한 우리의 소명일진대, 결혼 언약 안에서는 얼마나 더 그러하겠는가? 나는 아내에게 '사랑의 종'이 되어야 한다. 나를 지배하는 죄(교만, 이기심, 지배욕, 조종, 자아도취)에 그리스도께서 치명타를 날려 나를 자유롭게 하셨는데, 그 **목적**은 누구든 보는 이에게 내가 '사랑의 종'으로 여겨질 정도로 아내를 섬기고 배려하고 아내에게 헌신하고 집중하게 하시기 위해서다.

이로써 결혼의 '판세'가 완전히 뒤집힌다. 평소에 내 뇌리를 떠나지 않던 '왜 아내는 이렇게 또는 저렇게 해 주지 않지?'라는 생각은 이제 떨어져 나간다. '사랑의 종'인 내가 어째서 애당초 아내가 나한테 집중해 주기를 바란단 말인가? 내가 **아내에게** 집중하도록 부름을 받았는데 말이다.

두 사람이—남편과 아내가 둘 다—그렇게 살면 그리스도 안의 새로운 삶이 그림처럼 실현되어 세상에 하나님의 임재를 생생히 보여 준다. 한쪽만 그렇게 해도 베드로가 말한 부부간의 가장 효과적인 영혼 구원이 된다(벧전 3:1). 이는 자연히 되는 게 아니라 초자연적으로만 가능하고, 사랑에 빠진다고 되는 게 아니라 하나님이 함께하셔야만 한다. 스스로는 아무도 이렇게 사랑할 수 없기 때문이다.

당신이 하려는 약속은 이것이다. 남은 평생 누가 당신의 결혼 생활을 관찰한다면 이런 생각이 들어야 한다. '아내가 남편에게 거의 사랑의 종 같군.' '남편이 아내를 섬기기 위해 사는 것 같은데.'

사랑의 종은 먼저 나서서 생각하고 행동한다. 배우자를 잘 살펴 정말 무엇이 필요한지를 어쩌면 본인보다도 먼저 알아낸다. 아내가 너무 피곤한가? 남편에게 너무 스트레스가 많은가? 아내가 하루쯤 아이들은 물론 내게서조차 혼자 벗어날 필요가 있는가? 남편에게 특별히 격정적인 성관계 시간이 필요한가? 남편에게 "아니, 지금 당신이 하는 일은 해로워요."라고 말해 줄 사람이 필요한가? 아내에게 "잘 들어요. 당신이 모든 사람을 기쁘게 할 수는 없어요. 이건 그냥 내려놓아요."라고 말해 줄 사람이 필요한가?

사랑을 하나님 보시기에 배우자를 가장 잘되게 해 주는 일로 정의하면, '사랑의 종'에 따라붙는 위험하고 부정적인 어감(학대를 합리화하거나 행실을 비하하거나 배우자의 악에 동참하는 등)이 사라진다. 오히려 이 고무적인 소명 덕분에 우리는 항상 배우자를 가장 잘되게 하여 그리스도 안에서 세워 줄 수 있다. 바울이 강경한 표현을 쓰기는 했지만, "그리스도께서 교회를 사랑하"심 같이 남편이 아내를 사랑해야 한다고 쓴 그가 아내를 학대하는 남자를 용납할 리가 만무하다(엡 5:25). 바울의 말이 그런 뜻이 아님을 우리도 안다.

세상의 관계 방식은 갈라디아서 5장 15절에 나와 있다. "만일 서로 물고 먹으면 피차 멸망할까 조심하라." 서로 물고 먹어 '멸망'시키는 멸시는 부부 사이에 너무도 흔한 비참한 광경이다. 이런 부부는 좋은커녕 검사와 판사와 배심원으로 행세한다. 그래서 초점은 "당신이 나를 채우고 보충하고 섬기라. 나를 만족시키고 더 만족시키고 더 만족시키라. 나한테 거부할 생각은 아예 하지 말라"가 된다.

당신은 배우자를 **사랑하고 위로하기로** 서약한다. 둘 다 능동적이고 주도적인 동사다. 즉 당신은 배우자의 복지를 궁리하다가 좋은 생각이 떠오르면 행동에 옮긴다. 또 배우자가 나를 어떻게 대하는지에 신경 쓰기보다는 자신의 본분을 다하는 데 더 집중한다.

최고의 결혼 생활을 가꾸려면 대충 사랑해서는 안 되고 양쪽 다 '사랑의 종'으로 자처해야 한다. 바로 이 충격적인 헌신을 당신이 서약하려는 것이다.

남은 평생 누가 당신의 결혼 생활을
관찰한다면 이런 생각이 들어야 한다.
'아내가 남편에게 거의 사랑의 종 같군.'
'남편이 아내를 섬기기 위해 사는 것 같은데.'

짝꿍과 함께 차를 마시며

- '사랑의 종'이라는 사고방식의 좋은 본보기가 되는 부부를 목격한 적이 있는가? 있다면 말해 보라.

- 사랑의 반대는 미움이 아니라 무관심이라 할 수 있다. 당신 커플은 어떻게 하면 수동적인 자세를 버리고 **능동적으로** 서로 사랑하고 위로할 수 있겠는가?

- 당신 커플은 그런 사랑에 이미 얼마나 근접해 있는가? 결혼 후 어떻게 하면 거기에 더 가까워질 수 있겠는가?

하늘에 계신 우리 아버지여, 주님은 우리를 아주 많이 사랑하십니다. 우리에게도 은혜를 주셔서 주님을 닮은 충격적인 사랑으로 서로 희생하며 사랑하게 하소서. 우리는 룸메이트나 동료가 되기로 약속하는 게 아니지요. 주님의 말씀은 우리를 그보다 훨씬 높은 헌신으로 부릅니다. 서로에게 사랑의 종이 되라 하십니다. 우리 마음과 생각을 준비해 주셔서 이 서약에 충실하게 하소서. 예수님의 이름으로 기도합니다. 아멘.

서로
챙겨 주라

20

"아내(남편)를 … 위로하고 …"

나는 턱없이 일찍 일어나는 편이다. 대개 새벽 4시도 못 되어 잠이 깬다. 다시 잠을 청해도 소용없을 때가 많다. 그날 아침에도 그냥 포기하고 벌떡 일어났다.

한 시간쯤 후 서재를 나서는데 안방 문틈으로 빛이 새어 나왔다. 아직 5시도 안 됐는데 리자가 깨어 있다는 뜻이었다. 평소 아내는 그렇게 일찍 일어나는 법이 없다. 문을 열어 보니 아내 역시 다시 잠이 오지 않아 성경을 공부하려던 참이라고 했다. 커피 없이는 정신이 맑아지기 힘든 아내가 커피도 마다했다. 커피를 마셨다가는 도로 잠들기는 아예 글러 버릴 테니 말이다.

나는 불을 끄며 말했다.

"좀 더 눈을 붙입시다. 나도 함께 누울 테니 30분이 지나도 잠들지 못하면 그때 다시 일어납시다."

나야 다시 잘 마음이 없었지만(실제로 금방 도로 일어났다) 10분만 곁에 누워 있어 주면 아내가 다시 잠들리라는 것을 알았다(실제로 아내는 잠들었다). 잠을 더 보충하면 아내의 하루가 한결 좋아지리라는 것도 알았다. 그래서 기회를 놓치지 않고 거들었다.

왜 그랬을까?

결혼이란 서로 '위로하는' 것이다.

결혼을 창시하실 때 하나님은 "사람이 혼자 사는 것이 좋지 아니하니"라고 선언하셨다(창 2:18). 그분은 우리가 삶의 통상적 도전에 누구의 도움도 없이 직면하기를 원하지 않으신다. 그 개념이 성경 전도서에 이렇게 부연되어 있다.

> 두 사람이 한 사람보다 나음은
> 그들이 수고함으로 좋은 상을 얻을 것임이라.
> 혹시 그들이 넘어지면
> 하나가 그 동무를 붙들어 일으키려니와
> 홀로 있어 넘어지고
> 붙들어 일으킬 자가 없는 자에게는 화가 있으리라.
> 또 두 사람이 함께 누우면 따뜻하거니와

한 사람이면 어찌 따뜻하랴.
한 사람이면 패하겠거니와
두 사람이면 맞설 수 있나니
세 겹 줄은 쉽게 끊어지지 아니하느니라(전 4:9~12).

혼인 서약을 통해 당신은 배우자를 위로하기로 약속한다. 기혼자는 누구나 알듯이 배우자에게 잠이 부족하면 내가 숙면을 도와주고 싶다. 배우자가 배고파 먹어야 하면 내가 음식을 챙겨 주고 싶다. 배우자가 낙심하여 격려가 필요한가? 위협받고 있어 보호해 줄 사람이 필요한가? 과로 상태라서 잘 쉬도록 도와줄 사람이 필요한가? 모든 기혼자는 그 역할을 자청했고, 이제 **당신도** 그 역할을 자청하는 것이다. 바로 그런 순간마다 배우자의 위로자가 되기로 말이다.

Soul Food

결혼이란
서로 '위로하는' 것이다.

짝꿍과 함께 차를 마시며

- 지금까지 서로 위로할 기회가 많이 있었는가? 약혼자에게 가장 위로받았다고 느껴진 때가 언제였는지 말해 보라.

- 두 사람이 어떻게 하면 상대에게 위로가 필요한 때를 더 민감하게 알아차릴 수 있을지 토의해 보라. 상대 쪽에서 눈여겨보아야 할 내 쪽의 단서는 무엇인가?

하늘에 계신 아버지여, 우리에게 서로를 주셔서 위로를 주고받게 하시니 주님의 자비가 얼마나 크신지요. 서로의 필요에 유난히 민감하도록 우리를 도와주시고, 공감과 분별력과 의욕을 주셔서 그렇게 필요할 때마다 서로 위로하게 하소서. 예수님의 이름으로 기도합니다. 아멘.

We loved with a love that was more than love.

우리는 사랑 이상의 사랑으로 사랑하였다

─에드거 앨런 포 Edgar Allan Poe─

가장 높은
자리

21

"아내(남편)를 … 존중하며 …"

존중이란 상대를 따로 구별하는 것이다. "이 사람은 남다르고 특별해서 인정받을 자격이 있다"라는 말과 같다.

혼인 서약을 통해 당신은 평생 배우자를 특별히 존중하기로 약속한다. 아가서에 나와 있는 다음과 같은 태도를 품겠다는 약속이다.

아내를 향한 남편의 태도는 이렇다.

"내 비둘기, 내 완전한 자는 하나뿐이로구나"(아 6:9).

남편을 향한 아내의 태도는 이렇다.

"내 사랑하는 자는 희고도 붉어 많은 사람 가운데에 뛰어나구나"(아 5:10).

존중하는 대상에게는 '상석' 즉 가장 높은 자리를 내주게 마련이다. 혼인 서약을 교환하고 혼인 신고서를 제출하는 날로부터 당신은 남은 평생 배우자를 다른 모든 사람보다 위에 두기로 약속한다. 부모, 어린 시절의 단짝 친구, 장래의 자녀, 심지어 **자신보다**도 높은 자리다. 하나님을 향한 열정과 충정 다음으로 당신의 열정은 남편을 향해 가장 환하게 불타오르고 당신의 충절은 아내를 위해 가장 철통같이 방어되어야 한다. 부모나 자녀를 배우자보다 더 존중한다면 이는 배우자를 욕되게 하고 서약을 어기는 일이다.

유명한 전도자 존 웨슬리는 "남편과 아내의 본분"이라는 설교에 이렇게 썼다.

> 아내와 남편은 각각 서로의 마음속에서 가장 높은 자리를 차지해야 한다. 이웃이나 친구나 부모나 자녀가 결코 배우자만큼 가깝고 소중해서는 안 된다. … 부부는 세상 누구를 위해서보다 서로를 위해서 더 많은 일을 하고 더 수고해야 한다. … 남편은 아내를 기쁘게 할 수만 있다면 힘닿는 한 무엇이든 하거나 하지 않아야 한다. … 식생활, 옷차림, 친구 선택, 기타 모든 일에서 각자 하나님의 법에어긋나지 않는 한 최대한 절대적으로 서로의 갈망을 채워주어야 한다. … 유익한 충절이란 서로 배려하여, 상대를 슬프게 하거나 상처를 주는 일이라면 무엇이든 삼가고 예

방하는 데 있다."

이런 결혼을 원하지 **않을** 사람이 있을까? 이런 부부는 워낙 서로 호흡이 잘 맞고 서로의 필요에 깊이 헌신되어 있어 하나님의 임재와 뜻 외에는 그 무엇도 둘 사이에 끼어들 수 없다. 이상적으로 말해서 우리가 모두 갈망할 결혼이다.

당신도 그런 결혼을 가꿀 수 **있다**. 가장 큰 도전은 친구나 부모가 아니라 본인의 충절일지도 모른다.

어느 일요일 오후 풋볼 플레이오프전을 보고 있는데 아내가 가정용품 가게에 반품할 그림이 있다고 말했다. 가게는 휴스턴 시내에 있으므로 주중에 가려면 교통 체증과 싸워야 한다. 리자는 운전 솜씨가 아주 좋지만 누가 대신 운전해 주면 시내 나들이나 쇼핑을 훨씬 더 즐긴다. 그래서 내가 경기를 보다 말고 왕복 45분간 운전을 맡아 주었다.

왜냐고 물을 사람이 있을 것이다. 아내를 존중하기 때문이다. 덕분에 아내의 하루가 좀 더 행복해졌다. 내게 필요한 이유는 그뿐이다. 내가 믿기로 그게 결혼의 의미다. 그날 나는 내 여가 활동보다 아내를 존중했다.

보다시피 웨슬리는 또한 "상대를 슬프게 하거나 상처를 주는 일이라면 무엇이든 삼가"야 한다고 했다. 분명히 이는 물리적 폭력이나 위협이 결혼 생활에 일절 용납되지 않는다는 뜻이다. 그것이야말로 절대 금물이며 딱 한 번도 안 된다. 배우자의 면전에서 하든 아니면 등 뒤에서 하든 무례한 말도 마찬가지다. 치유의 목적 없이 배우자를 아프게 하는 일은 결혼 생활에 용납되지 않는다(그래서 각종 물리적 폭력은 완전히 배제된다). 그런 행동은 상대를 **욕되게** 한다.

혼인 서약에 **존중한다**는 단어가 들어 있음은 멋진 일이다. 이는 배우자에게 특별한 존경심을 표하고, 직장과 가정과 친구와 취미와 자신의 이익 등 다른 무엇보다도 배우자를 높이겠다는 헌신이다. 존중이란 서로의 삶을 더 행복하게 해줄 뿐 일체 해를 끼치지 않겠다는 다짐이다. 그렇게 하면 당신도 정말 행복한 결혼 생활을 가꾸고 보존할 수 있다.

Soul Food

하나님을 향한 열정과 충정 다음으로
당신의 열정은 남편을 향해
가장 환하게 불타오르고
당신의 충절은 아내를 위해
가장 철통같이 방어되어야 한다.

짝꿍과 함께 차를 마시며

- 결혼식 날을 앞두고 있는 지금, 기존의 관계 중 당신과 배우자 사이에 끼어들 소지가 가장 큰 관계는 무엇인가? 부모인가? 형제나 자매인가? 친구인가?

- 당신이 애착을 두는 일인데 결혼 생활을 첫 자리에 두기 위해 그 밑으로 끌어내려야 할 것은 무엇인가?

- 현재 당신 커플의 관계에 서로를 해치는 습성이 하나라도 있는가? 서로에게 솔직해지라. 약혼자의 언행 중 당신에게 상처가 되거나 당신을 욕되게 하는 게 있는가? 용기를 내서 알려 주라. 곧바로 중단되지 않거든 해결 방안을 더 강구하라.

하늘에 계신 아버지여, 우리 마음속에 깊이 역사하셔서 우리가 일차로 하나님을 두려워하는 가운데서 다른 무엇이나 누구보다도 서로를 더 중시하게 하소서. 필요하다면 다른 사람들이나 자신을 거부해서라도 서로의 삶을 좀 더 행복하게 해 주려는 의욕을 주소서. 어떤 식으로든 서로를 해치는 일은 절대로 하지 않게 하소서. 예수님의 이름으로 기도합니다. 아멘.

병 들었을 때나
건강할 때나
22

"병이 들었을 때나 건강할 때나 지켜 주고…"

찰스 스펄전이라는 젊은 침례교 목사는 처음에는 수재너 톰슨에게 깊은 인상을 주지 못했으나 금세 그의 매력과 품행이 그녀를 사로잡았다. 마침내 찰스가 사랑을 고백하자 수재너는 기쁨에 겨워 하나님을 찬송했다. "그분이 크신 자비로 내게 이렇게 좋은 남자의 사랑을 받게 하셨다. 그가 얼마나 훌륭하고 앞으로 얼마나 위대해질지를 당시에 내가 알았더라면 감당하지 못했을 것이다. 그의 아내가 되는 행복이라기보다는 그런 위치에 수반될 책임을 말이다."[1]

과연 중책이었다. 스펄전은 훌륭한 설교자였으나 몸이 허약했고 어떤 의미에서 정신도 병약했다. 결혼한 지 8년 만인 겨우 나이 서른에 끔찍한 통풍(痛風)에 걸린 그는 살을 도려

낼 듯한 통증 때문에 지독한 우울증에까지 시달려야 했다.

수재너는 남편이 하나님께 특별한 은사를 받은 줄이야 알았지만, 고통스러운 신체 질환에다 자칫 정신까지 쇠약해질 병에 걸린 남자의 곁을 지켜야 함은 몰랐다. 당시에는 통풍에도 우울증에도 의학이 별로 도움이 되지 못했다.

찰스도 수재너에게 매료되어 1856년 1월 8일에 결혼식을 했다. 신혼여행 중이나 직후에 임신한 아내는 그해 9월 20일에 아들 쌍둥이를 낳았다.

그러나 산후에 몸이 끝내 회복되지 못했다. 출산 이후로 병치레가 끊이지 않아 집에 틀어박혀 살거나 숫제 자리보전을 해야 했으며, 15년이나 질질 끈 병도 있었다. 찰스가 설교하던 교회당에 인파가 미어터졌으나 정작 아내는 10년 넘도록 한 번도 그곳에 있어 본 적이 없었다.

임신은 건강에 많은 영향을 줄 수 있다. 수재너도 결혼할 때는 아주 건강했으나 **불과 몇 주 만에** 처음의 건강은 **영영** 잃고 말았다.

그래도 찰스와 수재너는 사랑으로 친밀한 연합을 이루었다. 다음 두 통의 편지는 1871년에 찰스가 수재너에게 쓴 것이다.[2] 둘 다 몸이 이래저래 좋지 않았음에도 불구하고, 보다시피 아내를 향한 남편의 애정이 절절하다.

내 사랑하는 당신에게.

내가 당신으로 인해 하나님께 얼마나 감사드리는지 아무도 모를 것이오. 여태 내가 그분을 위해 힘쓴 모든 일은 다분히 당신 덕분이오. 당신이 나를 아주 행복하게 해 줌으로써 섬김도 잘하게 해 주었소. 당신 덕분에 조금도 힘을 잃지 않고 선한 일에 힘쓸 수 있었소. 당신이 자상한 동반자가 되어 주었기에 내가 주님을 이전보다 더 잘 섬길 수 있었소. 전능하신 주 하나님께서 이제부터 영원까지 당신에게 복을 주시기를 바라오!

다음은 그해의 더 나중에 쓴 편지다.

요즘 내 이상한 이력을 더듬어 보며 영원한 사랑의 큰 원류를 묵상하곤 한다오. 그 원류에서 내게로 자비의 물줄기가 흘러나왔으니 말이오. … 이토록 소중한 여인을 내게 배필로 주시고 훌륭한 아내로 빚어 주신 그 사랑을 생각해 보시오. 내게는 이상적인 아내이며, 과장이나 미사여구 없이 말하건대 나 같은 남자에게 하나님이 맺어 주신 천생연분이라 믿소. 당신은 그분이 내게 허락하신 이 땅의 모든 복 중의 최고이며 어떤 의미에서 영적인 복이기도 하다오. 당신은 믿지 않겠지만 영적으로도 당신이 내게 풍성한 유익을 끼치고 있으니 말이오. 지면이 모자라 이 '좋은 일'을 끝내야겠지만 그전에 먼저 바다 물결처럼 많은 키스를 당신에게 보내오.

병 때문에 결혼 생활이 파국에 이를 필요는 없다. 그러나 연합에 들어설 때, 아무리 신체 질환이 기쁨을 공격해 와도 끝까지 하나로 남기로 부부가 둘 다 온전히 헌신하지 않는 한 병은 결혼 생활에 심각한 도전이 될 수 있다. 당신도 생로병사에 매인 인간과 결혼해 병 들었을 때나 건강할 때나 곁을 지키기로 헌신하는 것이다.

Soul Food

당신도 생로병사에 매인 인간과 결혼해
병 들었을 때나 건강할 때나
곁을 지키기로 헌신하는 것이다.

짝꿍과 함께 차를 마시며

- 건강해서 마음껏 누릴 수 있을 때 하고 싶은 일을 몇 가지 나누어 보라. 현재의 건강이 어떠하든 두 사람은 어떻게 건강의 선한 청지기가 될 수 있겠는가?

- '병 들었을 때나 건강할 때나' 당신 곁을 지키기로 헌신할 배우자임을 알기에 당신이 고쳐야 할 생활 방식(식생활, 운동, 수면 등)은 무엇인가? 어떻게 하면 건강의 선한 청지지가 되어 장래의 배우자에게 불필요한 부담을 주지 않을 수 있겠는가?

- 두 사람이 건강한 생활을 위해 서로를 격려해 줄 방법을 토의해 보라.

하늘에 계신 아버지여, 우리는 앞날을 알 필요가 없습니다. 주님께서 앞서가셨으며 우리에게 어떤 도전이 닥쳐오든 그에 맞설 은혜를 공급하심을 알기 때문입니다. 건강한 시절을 한껏 활용하여 서로를 즐거워하고, 주님과 사람들을 섬기고, 생명력과 힘의 복을 누리게 도와주소서. 그러나 그 시절을 누리는 중에도 우리 마음을 준비해 주셔서 혹시 몸이나 정신이 무너지기 시작하더라도 끝까지 충실하게 하소서. 예수님의 이름으로 기도합니다. 아멘.

모든 면에서 배타적인 관계

23

"다른 사람을 다 버리고 아내(남편)에게만 도리를 다하기를…"

혼인 서약을 어긴다고 할 때 우리는 대개 성적인 문제를 떠올린다. 그러나 연애나 섹스와는 무관하면서 훨씬 더 흔한 배신이 있다. 바로 관계상의 소통인데 이는 로맨스와는 거리가 멀 수 있다. **배우자 이외의 사람과 더 가까워지면 혼인 서약을 어기는 것이다.**

애정의 대상은 자녀, 부모, 친한 친구 등일 수 있는데 여기에 로맨틱한 소통은 전혀 없다. 그러나 일부러 정성을 쏟아 배우자보다 그 사람과 더 친밀해진다면 이는 선을 넘는 배신이다. 그렇다고 친한 친구나 친척과 더불어 '치유의 대화'조차 나누어서는 안 된다는 말은 아니다(다만 상대에게 로맨틱하게 끌릴 수 있는 경우라면 그런 대화가 전혀 현명하지 못하며, 부부 사이가 삐끗해 있을 때는 특히 더하다). 부부 사이가 당신의 유일한 관계는 아니지만, **반드시** 주된 관계라야 한다.

"다른 사람을 다 버리고 아내(남편)에게만 도리를 다하"겠다는 서약은 성생활에 대한 배타적 약속일 뿐 아니라 정서적 관계에 대한 약속이기도 하다. 즉 서로를 첫 자리에 두겠다는 것이다.

부부 관계가 성숙해지려면 다른 모든 사람보다 서로를 더 소중히 여기는 쪽으로 나아가야 한다. 그래서 앞으로 언제고 단기간 외롭더라도 관계가 회복될 때까지 견뎌야 한다. 결혼 생활에 '냉각기'나 특히 바쁜 시기(어느 부부에게나 있다)가 닥쳐오면, 배우자한테서 느껴지는 쓰라린 거리감을 달래려고 친구나 자녀와 더 친해지고 싶을 수 있다. **이때야말로 다른 사람보다 배우자를 우선하겠다는 당신의 서약이 더없이 중요해진다.** 시험이 없을 때는 굳이 약속도 필요 없다. 약속이란 지키기 힘들 때일수록 가장 중요한 법이다.

임시 대용품을 찾아낸다면 당신은 배우자와의 관계를 회복하려고 절박하게 애쓰지 않을 것이다. 머잖아 그 임시 대용품이 영구적 목발이 되어 부부 사이가 멀어진 채로 사는 데 익숙해진다. 이는 끊임없는 유혹이다. 대용 친밀함—이전의 절친한 친구, 부모나 형제자매, 자녀 등—으로 돌아가는 게 부부 관계에 소통을 유지하려는 노력보다 때로 더 쉽게 느껴지기 때문이다. 하지만 그러면 관계의 거리감이 시멘트처럼 굳어져 결혼 생활은 수준 이하가 되고 만다.

약혼 상태인 현 단계에서 분명히 당신은 결혼 생활이 풍성하기를 원할 것이다. 그러려면 무척 조심하고 인내해야 한다. "우리가 선을 행하되 낙심하지 말지니 포기하지 아니하면 때가 이르매 거두리라"(갈 6:9).

부부 관계에 계속 선한 것들을 심어야 한다. 즉 의지적으로 친밀함의 모든 면에 충분히 시간을 들여야 한다. 반면에 잡초는 계속 뽑아내야 한다. 관계의 생기를 고갈시키거나 서로의 배타적 필요성을 방해하는 모든 대용품을 제거해야 한다.

취미나 죄나 친구나 심지어 가족 중 누구라도 당신에게 배우자보다 더 가깝고 소중해지지 않게 하라. 두 사람이 주고받으려는 서약은 남은 평생 그 누구와도 배우자보다 더 가까워지지 않겠다는 것이다. 거기에 조금이라도 못 미치면 서약을 어기는 것이다.

Soul Food

부부 사이가
당신의 유일한 관계는 아니지만,
반드시 주된 관계라야 한다.

짝꿍과 함께 차를 마시며

- 남은 평생 다른 누구보다도 서로를 더 가까이하겠다는 서약은 배타적 헌신이다. 당신은 그렇게 헌신할 준비가 되어 있는가?

- 그렇게 헌신하려면 서로한테서 무엇이 필요한가? 어떨 때 서로가 가장 친하고 소통에 막힘이 없다고 느껴지는가? 구체적으로 말해 보라. 바로 그것을 지속하기로 둘이 약속하는 것이다.

- 약혼자 쪽의 현 관계 중에서 당신을 향한 헌신을 압도하리라고 우려되는 관계가 있는가? 있다면 그 문제로 대화하라. 솔직하고 겸손하게 당신의 취약한 입장을 내보이면서 약혼자의 고민에 관심을 기울이라. 이 단계에서 당신이 더 민감해야 할 부분은 관련된 제3자의 감정에 미칠 상처가 아니라 약혼자의 고민이다. 안심하고 털어놓을 수 있게 해주어야 한다.

하늘에 계신 아버지여, 제게 자원하는 심령을 주셔서 장래의 배우자 앞에 이처럼 취약해지게 하소서. 평생 다른 누구보다도 배우자와 더 가까워지기로 헌신하게 하소서. 행여 우리 중 한쪽에서 점차 멀어져 제3자에게 더 의지하는 때가 오거든 제게 기민한 양심과 분별력을 주소서. 우리의 연합을 긴밀하고 공고하게 하셔서 주님의 이름을 영화롭게 하게 하소서. 예수님의 이름으로 기도합니다. 아멘.

멧비둘기 사랑
24

"…둘 다 살아 있는 한 그리하겠습니까?"

아마도 멧비둘기가 가장 유명해진 것은 약간 밉살스러워진 크리스마스 노래에 등장해서일 것이다. "크리스마스 이틀째에 나의 참 사랑은 내게 보냈네, 배나무 속의 한 자고새와 두 멧비둘기를…"

멧비둘기는 다음 두 가지로 알려져 있다.

- 백년해로 한다. 그래서 거의 매번 쌍쌍으로 우리 눈에 띈다.
- 시야가 좁다.

이 두 가지 사실은 서로 연관되어 있다. 백년해로에 성공하려면 어느 정도 시야가 좁아야 한다.

나도 시력에 문제가 있어 그게 이해가 된다. 20년 전에 나는 원추각막을 진단받았다. 각막이 원추형으로 변하면서 모든 게 흐릿해 보이는 퇴행성 눈병이다. 왼쪽이 아주 중증이라서 안과 의사는 내 왼쪽 눈이 아예 쓰이지 않는다고 말했다. 뇌가 기본적으로 오른쪽 눈에 의존한다는 것이다.

큰 문제는 아니지만, 자전거를 타거나 달리다가 왼쪽 어깨 너머를 보려면 고개를 완전히 돌려야 한다. 그래도 이보다 심한 의학적 질병을 안고 사는 사람도 많다. 당황스러운 순간도 몇 번 있었다. 예컨대 운전면허증을 새로 신청했더니 검사관이 세로로 '가운데' 열의 글자를 읽어 보라고 했다. 나는 두 열 밖에 보이지 않았으므로 당연히 '가운데'는 없었다.

"무슨 문제라도 있으신가요?" 검사관이 물었다.

내 사연을 말한들 그녀가 들어 줄 시간이나 있었을까?

한동안 왼쪽 눈에 콘택트렌즈를 끼어 본 적도 있다. 몇 년째 주변시(시야의 주변부에 대한 시력)가 없던 터라 딴 세상 같았다. 마트의 통로를 걷는데 **양쪽**이 다 보이니 마치 무언가 나를 공격이라도 해 오듯 오히려 산만하게 느껴졌다. 좁은 시야에 워낙 익숙해진 데다 아침마다 눈 속에 무엇을 넣기도 귀찮아서 콘택트렌즈를 빼고 여태 병이 있는 채로 살아왔다. 물론 리자는 이런 나를 못마땅해하지만 나야 그 '약'보다는 차라리 병이 더 편하다.

이와 비슷하게 **영적** 시야도 좁으면 결혼 생활에 도움이 된다. 백년해로에 성공하려면 초점을 고정한 채 단호한 의지로 '곁눈질'을 삼가야 한다. 백년해로하는 멧비둘기처럼 만족을 누리고 싶다면 다른 애정의 대상이나 불장난이나 가상의 시나리오에 마음이 산만해져서는 안 된다. '배우자 유고 시에는 **이런** 사람을 배우자로 골라야지'라는 생각으로 시간을 낭비해서는 안 된다.

이미 자신에게 주어진 결혼과 배우자만을 오매불망 바라보아야 한다. 행복한 결혼 생활에 관한 한 현재의 결혼이 자신의 유일한 기회인 양 생각하고 행동하고 소망하고 꿈꾸어야 한다.

절대다수의 경우 실제로 그렇기 때문이다.

멧비둘기의 마음가짐을 버리게 하려는 유혹은 가장 교묘한 영적 공격 중 하나다. 실제의 외도를 꿈꾸는 데는 우리 대부분이 기겁하겠지만 '가상'의 시나리오는 바람피우는 행위와는 다소 멀어 보인다. '배우자를 속이며 바람피울 생각은 없지만, 만약 **다른** 사람과 결혼했더라면 지금 어떨까?' 섹스가 개입되지 않으니 큰 죄가 아닌 것 같지만, 이런 공상도 결혼 생활에 크게 해로울 수 있다. 신성한 결혼의 마음가짐을 없애 버리기 때문이다.

멧비둘기 같은 좁은 시야는 가상의 관계를 공상하기보다 기존의 관계를 발전시키는 데 초점을 맞추어 부부 관계를 지켜 주고 이롭게 한다.

본질상 백년해로란 다른 대안을 다 버린다는 선택만이 아니라 모든 대안에 대한 상상까지도 포기한다는 헌신이다.

결혼식 날 당신은 이렇게 약속한다. "그대는 남은 평생 나의 참 사랑입니다. 그대를 최대한 잘 사랑하는 법을 배워 우리가 늘 서로 조화를 이룰수록 나도 가장 행복해질 수 있습니다. 로맨스에 관한 한 남은 평생 내 모든 생각과 에너지를 이 결혼과 이 관계에 쏟아붓겠습니다."

앞으로는 백화점이나 라디오나 카페에서 "열이틀 동안의 크리스마스"라는 노래가 흘러나올 때마다 이를 계기로 다음 사실을 상기하라. 당신의 결혼 생활에 관한 한 가장 중요한 날은 이틀째인 멧비둘기의 날이다.

Soul Food

백년해로에 성공하려면
초점을 고정한 채 단호한 의지로
'곁눈질'을 삼가야 한다.

짝꿍과 함께 차를 마시며

- 장래의 배우자는 남은 평생 애정의 초점과 최고의 우선순위를 당신에게 두기로 서약할 것이다. 그것이 서로에게 얼마나 큰 의미가 있는지 토의해 보라.

- 원한다면 멧비둘기를 소재로 한 그림이나 크리스마스트리 장식물을 구입하여 매년 성탄의 절기 때마다 서로를 향한 헌신을 상기해도 좋다.

하늘에 계신 아버지여, 죽음이 갈라놓을 때까지 우리 삶을 헌신하고 초점을 맞추어 아껴 줄 사람을 만났으니 참으로 감사드립니다. 우리에게 새로운 의지를 주셔서 이 초점을 유지하고 결혼의 '좁은 시야'에 충실하게 하소서. 예수님의 이름으로 기도합니다. 아멘.

Part 3

혼인
서약

THe Wedding Vows

혼인 서약

나_____는(은) 그대_____를 남편(아내)으로 맞이하여 오늘부터 연합하고 좋을 때나 궂을 때나 부할 때나 가난할 때나 병이 들었을 때나 건강할 때나 사랑하고 아끼기를 죽음이 우리를 갈라놓을 때까지 그리하겠습니다.
이에 엄숙히 서약합니다.

자신의 선택에
책임지라
25

"나 아무개는 그대 아무개를 남편(아내)으로 맞이하여…"

지금부터 하려는 말은 다소 논란의 소지가 있다고 여겨져 왔다. 평소 나는 이런 경건 서적에는 논란을 피하려 한다. 그러나 이는 약혼 단계인 당신의 삶에서 특히 충분히 짚어 둘 만한 문제다.

대체로 하나님은 우리에게 결혼 상대를 지시하지 않으시며 그럴 의향도 없으시다. 특정인과 결혼하지 않는 게 불순종이라는 말은 성경에 나오지 않는다. 성경에 "너는 결혼해야 한다"라는 말도 없고 "그레그는 수전과 결혼해야 한다"라는 명령은 더더욱 없다.

하나님은 주권적인 분이시므로 우리가 그분의 인도를 구함은 지혜로운 일이다. 그러나 그분이 우리에게 결혼 상대를 특정해서 지시하기로 약속하신 것은 아니다. 당신은 배우자를 스스로 선택한다. 최고의 결혼을 가꾸려면 책임을 하나님께 떠넘길 게 아니라 자신의 선택에 책임져야 한다.

사도 바울은 과부들에게 재혼 여부는 본인의 선택이니 가능하면 혼자 살라고 당부한 뒤 고린도전서 7장 39절에 그런 여자는 "자기 뜻대로"(자기가 원하는 사람과) 자유로이 결혼하되 단 "주 안에서만"(주 안에 있는 남자와) 하라고 했다.

이렇게 성경에 명시되어 있듯이 **결혼 여부**는 본인의 결정이다. 마태복음 19장 12절에 "스스로 된" 고자도 있다고 하신 예수님의 말씀에도 그런 정서가 깔려 있다. 즉 독신 생활도 '스스로'의 선택임이 강조되어 있다. 게다가 **결혼 상대**도 전적으로 본인의 선택이다. 이로 보건대 결혼과 관련된 선택은 하나님의 허용적 뜻에 속한다.

다시 말해서 그분은 우리의 선택에 맡기신다.

그래도 하나님이 특정한 두 사람의 결혼을 명하실 수도 **있지** 않을까? 나는 하나님을 좁은 틀 안에 가둘 마음이 없다. 내 말은 "그분이 이러실 수는 있으나 절대로 저러실 수는 없다"라는 게 아니다. 다만 결혼이—결혼 여부와 결혼 상대 둘 다—우리의 선택이라는 게 성경의 가장 명백한 가르침이라는 말이다. 당신이 용케 '천생연분'을 찾아냈다 해서 성경의 명백한 가르침을 무시해도 된다고 생각한다면 이는 위험하고 어리석은 일이다.

'누구'와 결혼해야 할지를 확실히 아는 법은 성경에 없지만 지혜로운 결정 과정은 밝히 나와 있다. 성경의 제반 원리를 적용하고, 현명한 조언을 구하고, 신중히 지혜롭게 선택하고, 장래를 생각하고, 올바른 우선순위에 따라 결정하는 등이다. 신의 섭리를 어림짐작하기보다는 그편이 평생의 결혼을 가꾸어 나가기에 더 좋은 기초다.

이게 왜 중요한가?

결혼 생활을 잘하려면 자신의 선택에 책임져야 한다. 왜 이 사람을 택했고 거기에 어떻게 책임질 것인지를 스스로 인정해야 한다. 여태 내가 본 너무도 많은 부부는 결혼 생활에 어려운 시기가 닥쳐오면 하나님을 탓한다. 그분이 '맺어 주신' 배우자가 나를 이토록 고생시킨다는 것이다. 그들은 믿을 만한 친구이신 하나님이 가장 필요할 때, 오히려 그분을 적으로 대한다.

아울러 예의와 신의와 선 등의 덕목이 우리에게 요구하는 바가 있다. 상대를 설득해 나와 결혼하게 하거나 아니면 내 쪽에서 상대와 결혼하기로 동의할 때, 나는 결혼이 평생의 헌신이며 이 연합을 깨기가 불가능에 가까움을 **아는 상태에서** 그리한다. 그렇다면 평생의 결과도 마땅히 내가 나서서 이루어 가야 한다. 그러려면 결혼 상태를 유지하기만 할 게 아니라 꾸준히 **노력해야** 한다. 즉 배우자에게 최선의 결혼 생활이 되도록 내 쪽에서 최선을 다해야 한다.

그러니 당신도 영적으로 성경의 명백한 가르침을 받아들이기 바란다. "결혼 여부는 나에게 달려 있습니다. 예수께서 말씀하셨고 바울도 말했듯이 독신 생활도 정당한 대안입니다. 또 잠언 31장과 고린도전서 7장 39절의 명백한 가르침대로 결혼 상대의 선택은 나의 소관입니다. 그래서 나는 자유로이 선택합니다. 당신과 결혼하고 싶어 당신을 선택합니다."

어떤 의미에서 그게 더 로맨틱하다. 덜 로맨틱한 게 아니다. 이 영적 실체를 마음껏 기뻐하라! 서로 눈을 마주 보며 말하라. "당신을 선택합니다! 하나님의 말씀대로 나는 아무나 선택할 수 있지만 다른 누구도 원하지 않습니다. 당신을 원합니다. 남은 평생 나는 당신을 선택합니다."

마음속에 이렇게 결단하라.

"내 선택이니 이 선택을 존중하리라. 다른 수많은 선택으로 뒤를 떠받쳐 이 하나의 선택을 내 평생 최고의 선택이 되게 하리라."

Soul Food

결혼 생활을 잘하려면
자신의 선택에 책임져야 한다.
왜 이 사람을 택했고
거기에 어떻게 책임질 것인지를
<u>스스로</u> 인정해야 한다.

짝꿍과 함께 차를 마시며

- 하나님은 당신이 누구와 결혼하든 순전히 당신의 선택에 맡기신다. 이 말이 더 로맨틱하게 들림은 어떤 면에서 그런가?

- 자신이 선택한 결혼 상대에 대해 '책임지는' 게 왜 중요하다고 보는가? 이는 결혼 생활을 위한 당신의 노력에 어떤 영향을 미칠 수 있겠는가?

- 당신 커플이 결혼하는 게 왜 서로에게 특별히 지혜로운 선택인지 대화해 보라.

하늘에 계신 아버지여, 우리에게 평생을 함께할 사람을 선택할 자유를 주시니 감사합니다. 환경으로 인도하여 우리를 서로 만나게 하신 것도 감사드리고, 저를 결혼 상대로 선택해 준 약혼자의 이 놀라운 선물을 인해서도 감사드립니다. 다가오는 특별한 날의 결혼이 저의 선택임을 압니다. 제 마음을 준비해 주셔서 그 선택에 충실하고 진실하게 하소서. 예수님의 이름으로 기도합니다. 아멘.

The greatest happiness of life is
the conviction that we are loved.

인생의 가장 큰 행복은 우리가 사랑받고 있다는 확신이다.

—빅토르 위고 Victor Hugo—

한 몸
26

"오늘부터 연합하고…"

연애와 약혼에서 결혼으로 넘어갈 때의 가장 큰 차이를 기독교적 관점에서 보면 서로의 몸까지도 완전히 공유한다는 점을 빼놓을 수 없다. 혹시 이미 성관계를 하는 커플에게는 이렇게 권하고 싶다. 당신 자신의 영적 건강과 미래의 행복한 결혼 생활을 위해 결혼식 날까지는 중단하라.

혼전 섹스에 대한 성경의 입장은 아주 단호하다. 성경에 '음행'(성적 부도덕)을 금하는 본문이 스무 군데가 넘는데, 그중 여러 곳에 혼외 성생활이 명시되어 있다(두 가지만 예를 들면 고린도전서 7장 1~5절과 데살로니가전서 4장 3~8절이다).

삶의 어느 영역에서든 하나님의 지혜와 계획을 고의로 집요하게 거역하면 우리는 특정한 유형의 인간으로 빚어진다.

성경을 내 구미에 맞는 대목만 골라서 받아들이는 '짜깁기 그리스도인'이 된다. 사실상 자신이 신이 되어 마음 내킬 때만 참 하나님을 따르고 자신의 소원과 그분의 뜻이 부딪힐 때는 그분을 무시한다.

당신은 결혼을 약속한 상태니 이런 육체적 '금식'에 반드시 끝이 온다. 오늘부터 하나님께 순복하기로 결단하지 않겠는가? 그분이 당신의 마음을 순종하는 마음으로 다시 빚어 주시도록 말이다. 그분은 평생 섹스 없이 살라고 하시는 게 아니라 결혼식 때까지 기다려야 한다고 가르치신다.

예수님은 우리에게 하나님의 결혼관을 가르치실 때 강경한 표현을 쓰셨다. 창세기 1장 27절과 2장 24절에 근거해 이렇게 말씀하셨다. "그러므로 사람이 그 부모를 떠나서 아내에게 합하여 그 둘이 한 몸이 될지니라 하신 것을 읽지 못하였느냐. 그런즉 이제 둘이 아니요 한 몸이니 그러므로 하나님이 짝지어 주신 것을 사람이 나누지 못할지니라"(마 19:5~6).

예수님은 몸의 연합과 영의 연합을 하나의 개념으로 묶으셨다. 성행위("합하여")를 레크리에이션의 영역에서 끄집어내―성행위는 춤이나 씨름이나 심지어 손잡기와도 같지 않다―영적 의미를 가득 불어넣으셨다. 성적 친밀함은 신기한 영적 실체로 넘어가는 심오하고 위력적인 관문이며, 그 실체는 단지 상호간의 이익이 아니라 부부간의 연합으로 표현

된다.

"그야 **당신의** 해석이지요"라고 말할지 모른다. 그러나 사실은 **사도 바울**도 예수님의 말씀을 그렇게 해석했다. 고린도전서 6장에서 그는 예수께서 인용하신 **똑같은** 창세기 본문에 근거하여 사람들에게 매매춘을 삼가라고 경고했다. 섹스가 육체의 행위일 뿐이라면 매매춘이 왜 문제겠는가? 공정한 값만 지불한다면 말이다. 그런데 바울은 "창녀와 합하는 자는 그와 한 몸인 줄을 알지 못하느냐. 일렀으되 '둘이 한 육체가 된다' 하셨나니 주와 합하는 자는 한 영이니라"(고전 6:16~17)라고 썼다.

이렇게 말할 사람도 있을 것이다. 간음이야 물론 하나님께 문제가 되지만 아직 결혼하지 않았어도 정말 간음인가? 그러나 **"음행하는 자들과 간음하는 자들을** 하나님이 심판하시리라"(히 13: 4)라고 했다. 간음 외에도 성적 부도덕이 존재한다는 뜻이다. 거의 전 역사를 통틀어 기독교 교회에 혼전 섹스에 대한 다른 관점은 없었다. 물론 소수의 극단적 입장은 늘 있게 마련이지만, 기독교의 주요 전통치고 혼외 성생활을 그리스도인이 선한 양심으로 행해도 되는 일로 받아들인 전통은 여태 전무하다.

결혼에 영적으로 준비되려면 하나님 앞에 순결하기를 힘써야 한다. 하나님이 당신의 결혼 생활에서 더 큰 부분을 차지하시려면 삶 자체에서 더 큰 부분을 차지하셔야 한다.

이 부분에서 이미 넘어졌다면 지난 일이야 어찌할 수 없지만, 하나님의 용서와 은혜를 받아들일 수 있다. 이제부터 성령께서 당신의 마음을 순종 쪽으로 틀어 주시도록 말이다. **이 과정을 시작하려면 우선 하나님의 진리를 당신의 것으로 받아들여야 한다.**

그런데 정반대로 하는 커플이 얼마나 많은지 모른다. 그들의 성생활은 결혼 전에 가장 활발하고 뜨겁다. 그러다 결혼하고 나면 대개 몇 달이나 두어 해 만에 성생활이 시들해진다. 서글픈 일이지만 영적으로 보면 앞뒤가 맞는다. 결혼 전에 하나님께 불순종한다면—"그분이 뭐라고 하시든 내가 원하니까 섹스를 한다"—결혼 후에 섹스를 풍성히 누리고 너그럽게 베풀라 하시는 그분께 순종하지 않는 거야 당연하다. 결혼 전에 그분의 금령을 존중하지 않았는데 결혼 후라고 그분의 권고를 중시하겠는가?

성에 관한 큰 문제 중 하나는 우리 영혼을 궤도에서 이탈시키는 데 있다. 고의로 하나님께 불순종하면 불순종에 습관이 붙어 다른 많은 영역에서도 곁길로 빠지기 쉽다. 끝내 자백하고 회개하지 않는다면* 울타리가 하나 허물어진 채로 결혼에 들어서는 것과 같다. 다음 번 영적 공격이 닥쳐올 때는 무방비 상태일 수 있다. 그것은 재정적 유혹일 수도 있고, 다른 성적 유혹일 수도 있고, 식생활이나 오락과 관계될 수도 있다. 어쨌든 고의로 한 부분에서 불순종하면 이미 마음이 하나님의 깨우치심에 최소한 어느 정도는 무디어져 있다. 바로 그런 태도와 정신이 우리를, 그리고 결혼 생활을 파멸로 몰아갈 수 있다. 영혼에 만족스러운 결혼 생활을 원한다면 하나님께 둔감해지는 게 아니라 **더 민감해져야** 한다.

하나님께 순복하는 게 결국 자신에게 가장 유익이 된다. 그분은 당신이 가장 잘되기를 바라시기 때문이다. 그분은 당신이 멋진 결혼 생활과 멋진 성생활을 누리기를 원하신다. 그러나 죄는 우리를 비참하게 만든다. 혼전 섹스가 우리에게 가장 유익하다면 하나님이 혼전 섹스를 명하셨을 것이다. 그러나 그분이 결혼 때까지 기다리게 하셨으니 그게 우리에게 최선이라는 충분한 증거다.

그런데 미처 생각하지 못하고 이미 실패했다면 돌아갈 길은 어디인가? 여기 비결이 있다. 치유는 부정(否定)에서 오지 않는다. 이미 있었던 일을 억압하거나 별로 중요하지 않은 척

---

* 회개란 잘못된 행위를 그만두고 올바른 행위를 시작한다는 뜻이다. 즉 행동의 변화로 이어지는 사고와 마음의 변화이며, 매사에 하나님의 뜻에 순복하려는 새로운 의지다.

해서는 가책이 사라지지 않는다. 반대로 혼전 섹스를 지속한다면 당신은 하나님의 뜻과 말씀이 별로 중요하지 않다고 말하는 셈이다. 이것은 결혼식 전에 순종을 연습하는 아주 유익한 일 중 하나다.

시간을 내서 영적 목록을 정리해 보자. 많은 사람들이 성적으로 망가진 상태로 결혼 생활에 들어선다. 결혼을 수용하고 헌신하면 이상적인 큰 치유의 장이 열린다. 서로를 있는 그대로 사랑하는 가운데 한없이 자유롭고 즐겁게 성애의 극한과 격정을 탐색할 수 있다.

당신이 신혼여행에 가져갈 수 있는 최악의 것 중 하나는 과거에 대한 죄책감이다. 죄책감은 결혼 생활에 도움이 되지 않는다. 더 잘 사랑하게 해 주지 않는다. 오히려 배우자를 즐겁게 해 주지 못하도록 당신의 능력에 제동을 건다. 솔직히 회개하고 자백하여 하나님의 용서와 서로의 용서를 받아들이라. 속죄한답시고 죄의식을 고집한다면 이는 영적으로 잘못된 것일 뿐 아니라(그리스도께서 십자가에 죽으심으로 당신을 용서하셨는데 그분이 이루신 일로도 부족하다는 뜻이므로) 육적으로 이후의 성적 기쁨을 파괴한다.

'하지만 나는 결혼 전에 죄를 지었으니 부부간의 성적 행복을 누릴 자격이 없다.' 이런 생각은 은혜를 완전히 오해한 것이다. 은혜의 전체 개념은 예수께서 값을 치르셨기에 우리는

치를 필요가 없다는 것이다. 십자가 밑에 내려놓는 순간 당신의 영적 빚에는 '완불'이라는 도장이 찍힌다. 죄책감을 고집한다는 것은 사실상 배우자더러 내 과거의 죗값을 치르게 함과 같다. 죄가 현재나 미래를 공략하지 못하도록 죄를 과거에 남겨 두라.

섹스를 삼가는 게 사람에 따라 구식 같거나 숫제 미련해 보일 수 있음을 나도 안다. 그러나 힘들 때조차도 하나님께 순종한다는 개념은 결코 구식이나 미련한 게 아니며 언제나 중요하다. 이 도전 덕분에 당신은 존재의 가장 내밀한 부분을 예수 그리스도의 주권에 의탁한 상태로 결혼에 들어설 수 있다. 그러면 그 긍정적 영향이 삶의 모든 영역과 특히 장래의 부부 관계에 미친다.

하나님이 당신의 결혼 생활에서
더 큰 부분을 차지하시려면
삶 자체에서 더 큰 부분을 차지하셔야 한다.

짝꿍과 함께 차를 마시며

- 당신은 이 장에 인용된 성경 본문들을 그리스도인이 결혼 전에는 성적 친밀함을 삼가야 한다는 가르침으로 받아들이는가? 만일 그렇다면 결혼식 날까지 기다리기로(이미 성생활을 시작한 경우 이제부터 중단하기로) 기꺼이 헌신하겠는가?

- 당신이 혹시 결혼식장에 품고 갈 수도 있는 성적 죄책감은 무엇인가? 이 문제로 대화할 만한 성숙한 신앙의 선배나 목사나 상담자, 즉 자백과 회개와 용서를 경험하도록 당신을 도와줄 사람이 있는가? 결혼 생활에 떳떳이 들어설 수 있도록 당신 커플이 서로 용서해야 할 부분이 있는가?

- 결혼 때까지 이 헌신에 충실하기 위해 당신이 마련해야 할 안전장치는 무엇인가? 여태 성적으로 가장 취약해지던 시간에 이제부터 당신 커플이 할 수 있는 긍정적인 일은 무엇인가?

하늘에 계신 아버지여, 섹스는 주님의 발상이요 창조물이니 무엇이 최선인지도 주님이 아십니다. 오늘부터 주님의 지침을 받아들여 그대로 살도록 도와주소서. 실패한 부분은 용서해 주시고, 아직도 의심되는 부분에는 확신을 주시고, 연약한 부분에는 능력을 주시며, 변화가 가능할지조차 자신이 없는 부분에는 소망을 주소서. 이 시절을 통해 새로운 자리로 나아가 성령께 순복하고 신뢰하며 의지하게 하소서. 예수님의 이름으로 기도합니다. 아멘.

We are most alive when we're in love.

우리는 사랑할 때 가장 생기 있다.

―존 업다이크 John Updike―

결혼의
신비

27

"좋을 때나…"

휴스턴에 허리케인 하비가 몰아치던 주말에 리자와 나는 어느 부부를 집에 초대하여 스포츠 경기를 보았다. 경기가 시작되기 직전부터 폭우가 쏟아져 그들이 돌아갈 때는 우리 동네의 아스팔트 길이 넘치는 강물로 변했다.

사실 그 남편은 개를 살펴보려 조금 일찍 나섰다. 개는 늙고 귀먹은 데다 시력까지 거의 잃어 그 아내는 개가 겁에 질릴까 봐 걱정했다. 그래서 남편에게 부탁하여 가서 개를 데려오게 했다(그 집까지의 거리는 2.5km 정도 된다). 워낙 기력이 쇠한 개라서 허리케인에 집이 날려가도 알아차릴 리 없었지만, 그래도 그는 아내를 사랑하기에 집으로 갔다. 비가 내리는 데다 도로 곳곳이 폐쇄된 탓에 가는 데만 20분도 더 걸렸고 돌아오는 데도 그만큼 걸렸다.

그 아내도 약간 무리한 부탁인 줄은 알았으나 그래도 남편은 갔다. 그가 간 사이에 그녀는 '세상 최고의 남편 중 하나'라고 그를 칭찬했다.

일부 기혼자들이 마지못해 참고 산다는 비참한 사연들을 당신도 들어 보았을 것이다. 심지어 친구들이 당신에게 묻기를 행복해 보이는 부부가 거의 없는데 왜 애당초 결혼하려는 거냐고 했을 수도 있다.

그런 말을 믿지 말라. 위에 말한 친구처럼 자기 남편이나 아내를 자랑하는 부부를 우리는 많이 보았다.

수많은 연구에서 밝혀졌듯이 부부들은 생각보다 훨씬 행복한 편이다. 실제로 션티 펠드한(Shaunti Feldhahn)이 저서 *The Good News about Marriage*(결혼에 대한 기쁜 소식)에 소개한 연구 결과에 따르면 부부의 약 80%는 행복하다.

그러니 당신의 결혼도 '좋을 때'가 될 가망성이 아주 높다.

두 사람이 하나님을 사랑하고 서로 사랑하면 결혼 생활이 신비롭게 느껴질 수 있다. 더 기쁜 소식은 정말 당신의 선택에 따라 결혼이 '좋을 때'가 된다는 것이다. 양쪽 다 서로에게 친절을 넘치도록 베풀 수 있다. 바로바로 용서할 수 있다. 힘들어하거나 아예 실패한 배우자에게 경건한 인내와 너그러운 긍휼을 베풀 수 있다. 이렇게 당신의 결혼에 예수 그리스도의 은혜가 흐르면 '좋을 때'라는 표현에 딱 맞는 결혼 생활을 누릴 수 있다.

결혼을 '좋을 때'로 가꾸는 길이 골로새서 3장 12~14절에 이렇게 나와 있다.

> 그러므로 너희는 하나님이 택하사 거룩하고 사랑받는 자처럼 긍휼과 자비와 겸손과 온유와 오래 참음을 옷 입고 누가 누구에게 불만이 있거든 서로 용납하여 피차 용서하되 주께서 너희를 용서하신 것같이 너희도 그리하고 이 모든 것 위에 사랑을 더하라. 이는 온전하게 매는 띠니라.

이렇게 힘써 실천하면—서로 긍휼을 베풀고, 어떻게든 자비롭게 대하고, 겸손히 배우자의 필요를 자신보다 앞세우고, 온유하게 참아 주고, 신속히 용서하고, 서로 사랑함에 힘써 자라 가면—당신의 관계는 남들이 부러워할 만큼 풍성하고 친밀해진다.

결혼식 날이 점점 다가와도 두려워할 이유가 전혀 없다. 하나님의 능력이 당신 안에 있고 하나님의 말씀이 당신을 인도한다. 게다가 당신의 관계에 골로새서 3장 12~14절을 적용하기로 했으니 이제 당신은 친밀하고 만족스러운 결혼 생활을 누릴 수 있음을 확신해도 좋다.

Soul Food

<u>정말 당신의 선택에 따라
결혼이 '좋을 때'가 된다.</u>

짝꿍과 함께 차를 마시며

- 두 사람이 지금까지 함께 누린 '좋을 때' 중 가장 소중했던 순간들은 언제인가?

- 앞으로의 결혼 생활에 대해 가장 고대하는 바는 무엇인가?

- 골로새서 3장 12~14절에 열거된 성품의 자질과 행동을 복습해 보라. 그중 당신이 가장 자주 내보이는 자질은 무엇인가? 더 자라야 할 부분은 무엇인가? 이 위대한 성경 본문의 고귀한 소명에 둘 다 온전히 부합하게 해 달라고 하나님께 기도하라.

하늘에 계신 아버지여, 우리의 결혼을 선물로 받아들입니다. 인생의 즐거운 시절에 들어서는 것임을 주님 덕분에 깊이 확신할 수 있습니다. 우리 마음속에 주님의 평안과 큰 기쁨을 부으셔서 남편과 아내가 되기로 서약할 그 특별한 날을 참으로 즐기게 하소서. 예수님의 이름으로 기도합니다. 아멘.

넉넉히
이기느니라
28

"궂을 때나…"

결혼이라는 새로운 절벽 위에 선 당신은 앞으로 수십 년에 걸쳐 어떤 도전이 얼마나 많이 닥쳐올지 전혀 모른다.

그러나 단언컨대 **도전은 반드시 온다.**

당신의 결혼 상대는 앞서 말했듯이 몸이 연약해서 병이 들거나 장애를 입을 수 있다.

배우자에게 당신이 몰랐던 깊은 심리적 상처가 있을 수 있다. 그런 상처는 대개 삶이 좀더 진행된 후에야 나타난다. 사람이 30대 초반쯤 되면 어릴 적 자신의 무의식에 가해졌던 많은 손상에 비로소 눈뜨기 시작한다.

또 당신은 배우자 이외의 사람에게 부당대우를 당하거나 평생 저축한 돈을 사기당하거나 본인의 잘못도 없이 직장에서 해고당하거나 남의 부실 관리 때문에 덤터기를 쓸 수도 있다. 아이를 낳지 못해 고통당하거나, 자식이 반항하여 속을 썩일 수도 있다. 도덕적 고민에 봉착하거나, 같은 그리스도인인 배우자가 회의에 사로잡힐 수도 있다.

죽음이 갈라놓을 때까지 배우자와 함께하기로 서약할 때 당신은 앞으로 무슨 일이 닥쳐올지를 모른다. 알 수가 없다. 그래서 서약이다. 타락한 세상의 삶은 쉽지 않다. 그런데 이제 두 사람은 이 타락한 세상을 **함께** 헤쳐나가기로 약속한다. 힘들다고 갈라서지 않을 것이다. 어둠의 때 서로를 버리지 않을 것이다. 나란히 손잡고 부여안으며 계속 서로에게 다가갈 것이다. 특히 세상이 당신 부부를 갈라놓기로 작정한 듯 보일 때일수록 더욱 그리할 것이다.

로마서 8장 37절에 사도 바울은 "이 모든 일에 우리를 사랑하시는 이로 말미암아 우리가 넉넉히 이기느니라"라고 선언했다.

이 구절의 충격적인 부분은 **전투**를 삶에 대한 최적의 은유로 보았다는 것이다. 영적, 사회적, 개인적 군대가 당신 부부를 갈라놓으려 진군해 온다. 전투에 가담하지 않은 채 당신의 관계와 사명과 성품이 공격받지 않는 척한다면, 이는 전쟁터의 한복판에서 야유회를 즐기다가 돗자리 밑에서 수류탄이 터지니 화들짝 놀라는 것과 같다.

요컨대 로마서 본문의 가르침대로 우리는 도전을 인정할 뿐만 아니라(한창 전쟁 중이 아니고야 승리도 있을 수 없다) 또한 하나님이 하실 수 있고 실제로 하시는 일에 대한 기대를 한껏 높여야 한다. 쉽지는 않겠지만 결과는 생각보다 영광스럽다. 당신은 그냥 이기는 정도가 아니라 **넉넉히** 이길 수 있다. 자신만 구원받는 게 아니라 많은 사람을 함께 데려갈 수 있다. 결혼 생활의 하루하루를 당신 부부가 이겨야 할 순간, 극복해야 할 도전, 함께 승리해야 할 전투로 보면 어떨까?

로마서 8장 37절이 그토록 중요한 이유는 패배주의적 태도가 거의 외도 못지않게 많은 결혼을 파경에 빠뜨리기 때문이다. "가망이 없다"라고 말하면 그대로 이루어진다.

'궂을 때'도 함께하기로 약속하면 의욕이 솟는다.

"이미 해 보았는데 소용없었다"라는 말은 많은 침체된 부부의 낙심을 굳혀 준다.

'궂을 때'도 곁을 지키겠다는 약속은 소망을 갑절로 높여 준다.

넉넉한 승리 이하에 안주하지 말라. 하나님은 당신에게 단지 갈라서지 않고 버티는 것 이상을 원하신다. 배워야 할 교훈을 배우고 가정의 분열을 물리치기를 원하신다. 그리하여 패배감에 빠져 기쁨에 굶주리고 연합에 목마른 다른 부부들에게 당신 부부가 결혼 옹호자가 되어 주기를 원하신다.

당신을 지탱시켜 줄 것은 무엇인가? 우리 자신의 지혜는 아니며 자신의 능력이나 선은 더더욱 아니다. 우리가 넉넉히 이김은 바울의 말대로 "우리를 사랑하시는 이로 말미암아"서다. 우리에게 부어 주시는 그 사랑을 참으로 경험하고 깨닫고 음미하고 그 안에 안식할 때—이런 지식과 깨달음은 하나님의 계시에서 비롯된다(엡 3:14~18)—우리는 부부로서 당차고 용감하게 살아갈 수 있다. 하나님이 우리를 사랑하시고 든든한 뒷배가 되어 일으켜 세워 주심을 알기 때문이다. 그분께 패배란 있을 수 없다.

성경에 명한 대로 우리는 일어나 이렇게 말해야 한다.

"오늘 우리는 그분의 이름으로 함께 이긴다!"

어떤 이들에게는 그 말이 대책 없이 진부하게 들릴지 모르지만 다른 이들에게는 정말 하루를 시작하는 강력한 함성이 될 수 있다. 알다시피 전쟁은 길어질 수 있고 전투 중에 잠깐 후퇴할 때도 있다. 그래도 우리가 맞이하는 하루하루는 새로 전진하고 이겨서 하나님 나라를 충실하게 진척시킬 기회다.

"어제는 우리가 혼쭐났을지 몰라도 오늘은 그분의 이름으로 함께 이긴다!"

Soul Food

영적, 사회적, 개인적 군대가
당신 부부를 갈라놓으려
진군해 온다.

짝꿍과 함께 차를 마시며

- 두 사람의 관계에서 지금까지 겪었던 '궂을 때'는 무엇인가? 이를 통해 배운 긍정적 교훈과 부정적 교훈은 각각 무엇인가?

- 두 사람이 '넉넉히 이기는' 가상의 시나리오를 짜 보라. 그렇게 되려면 개인으로나 커플로서 어떻게 더 자라야 하겠는가?

- 서로 깍지 끼어 손을 맞잡아 보라. 남은 평생 당신이 바로 이렇게 하기로 서약하는 것임을 상기하라. 아무리 힘들고 속상해도 당신은 이 손을 잡아 줄 것이다. 놓지 않고 꼭 쥘 것이다. 남은 평생 좋을 때나 **궂을 때나** 바로 이 손을 붙잡고 있겠다고 약속하는 셈이다.

하늘에 계신 아버지여, 장차 어떤 도전이 닥쳐올지 우리는 모르지만, 주님은 아십니다. 우리 마음과 생각을 준비해 주소서. 주님을, 그리고 서로를 더 깊이 사랑하게 도와주소서. 그리하여 전투가 맹위를 떨칠수록 오히려 서로 더 가까워지게 하시고, 힘써 주님의 이름으로 주님의 영광을 위하여 넉넉히 이기게 하소서. 아멘.

We can only learn to love by loving.

우리는 오로지 사랑을 함으로써 사랑을 배울 수 있다.

— 아이리스 머독 Iris Murdoch —

# 돈, 돈, 돈
29

"부할 때나 가난할 때나 …"

예수님이 천국과 지옥을 **합한** 것보다 돈에 대해 더 많이 말씀하셨음을 아는가? 돈을 논한 성경 말씀은 800군데에 가깝다. 예수님의 비유 중 약 4분의 1은 돈이 주제이며, 누가복음에는 일곱 구절 당 하나꼴로 돈이 언급된다.

사람들이 좀처럼 믿지 못하는 진짜 충격적인 사실은 또 있다. 실제로 예수님은 사랑보다 돈에 대해 더 많이 말씀하셨다.

이유가 무엇일까?

돈에는 영적 위력이 있어 사람을 세울 수도 있고 무너뜨릴 수도 있다. 부부에게 돈은 복이 될 수도 있고 분열의 원흉이 될 수도 있다.

돈과의 관계는 사람마다 독특한데, 여간해서 거론되지 않고 대개 무의식 속에 남아 있다. 돈에 대한 감정은 본능적이며 우리 존재의 핵 속에 깊이 뿌리박혀 있다. 자신이 그런 감정에 지배당한다는 사실조차 모르는 사람도 많다. 어떤 이들은 돈이 떨어질까봐 몹시 두려워한다. 그래서 돈이 간당간당해지면 겁에 질려 분노한다. 어떤 이들은 늘 좀 더 가지려는 탐욕에 끌려다닌다. 그래서 가장 친밀한 관계마저 희생한 채 돈을 더 버는 데 시간과 에너지를 쏟아붓는다. 이미 남아도는 듯한 자원 더미에 '조금만 더' 쌓겠다고 그야말로 심신의 건강마저 해치는 이들도 나는 보았다. 또 어떤 이들은 순전히 이기심에 떠밀려 "내 것은 내 것이다"라고 고집한다. 그래서 베풀 때 찾아오는 엄청난 기쁨을 잃는다. 후히 베풀수록 더 자유로워지는 이치를 깨달은 복된 영혼은 소수에 그친다.

성경은 현명한 저축을 분명히 좋게 말하지만(창 41장, 잠 21:20, 전 11:2) 후히 베풀라는 말씀이 더 많다(신 15:10, 시 112:5, 잠 22:9, 말 3:10, 고후 9:6~10). 성경은 또 재정 계획을 지혜로운 일로 여기며(잠 27:23~27) 게으름보다 성실한 노력을 칭송한다(잠 24:33~34, 살후 3:10). 아울러 유산을 남기려는 마음도 좋게 본다(잠 13:22, 딤전 5:8). 이 모두를 종합해 보면, 하나님을 높이는 방식으로 돈을 관리하면 당신에게 복이 되고 결혼 생활에 양분이 된다. 반면에 돈 관리에 대한 성경의 여러 진리를 무시하면 당신의 인생과 결혼 생활에 많은 불행과 좌절과 고통이 따를 수 있다. 최선의 재정 관리법을 모색하지 **않으면** 돈을 아무렇게나 취급하는 게 기본값이 되기 쉽다.

두 사람은 앞으로 재정 자산을 합할 것이다. 따라서 하나가 되려면 재정 사용에 대해 자주 대화해야 한다. 설령 주머니를 따로 쓴다 해도(그러지 않기를 바란다) 각자의 소비와 저축 방식이 서로에게 영향을 미친다. 여태 한 번도 생각해 보지 않았을 수 있지만, 당신의 영혼을 솔직히 들여다보아 돈에 대한 자신의 감정을 파악하라.

당신에게 가장 큰 기쁨이 되는 것은 무엇인가? 일정 수준의 은행 잔고인가? 일정 금액을 헌금했다는 사실인가? 남들의 필요를 채워 줄 때 되돌아오는 미소인가? 아주 오랫동안 바라던 무언가를 구입할 때인가?

당신에게 가장 안전하게 느껴지는 것은 무엇인가? 좋은 신용 점수와 계속 불어나는 은퇴 연금인가? 안정된 직장인가? 하늘 아버지께서 당신의 필요를 다 채워 주시기로 약속하셨다는 사실인가?

혼전 커플들을 상담하다 보면 대개 헌금이 주먹구구식이다. 주로 누군가의 절박한 사정을 보고 즉흥적으로 드릴 때가 많다. 가까운 친척이 암으로 사망한 경우에는 아마 매년 모종의 암 재단에 기부금을 낼 것이다. 소속 직장의 매칭 제도를 활용하는 경우도 있다. 특정한 자선 단체에 기부하면 회사에서 같은 액수만큼 더 내주는 제도다. 그런가 하면 시간의 '십일조'를 드리고 있기에 헌금 액수에는 별로 신경 쓰지 않는다고 한사코 주장하는 이들도 있다.

당신 커플은 그리스도인으로서 자주 후히 **드려야 한다.** 때로 손해도 보아야 한다. 세금 공제를 받고자 연말에 헌금과 기부금을 합산할 때 잠시 숨이 막히며 '이 돈이면 이것도 사고 저것도 살 수 있었을 텐데'라는 생각이 들어도 좋다. 곧이어 '하지만 하나님의 일에 드렸으니 최고로 잘한 거야'라고 상기하면 된다.

어디에 헌금하는지를 보면 당신의 마음이 드러난다. 가족이나 친척을 괴롭힌 질병을 퇴치하려고 연구 재단에 기부하려는 마음은 가상하며, 지역의 교향악단이나 도서관을 후원하려는 마음도 좋다. 그러나 마땅히 그리스도인은 먼저(다른 모든 선한 일에 우선해 첫째로) "그(하나님)의 나라"를 구해야 한다(마 6:33). 우리는 혼신을 다해 그리스도의 나라의 확장을 즐거워하며 이를 위해 살아야 한다. 그래서 리자와 나는 예수님을 영화롭게 하고 그분의 말씀을 전하는 사역들 쪽으로 헌금을 집중한다. 그렇다고 민간 자선 단체나 의료 연구에 기부하지 않는다는 말은 아니다. 그런 일에도 여태 기부했고 지금도 하고 있다. 다만 우리는 헌금의 대부분을 하나님이 주인공이신 일, 그분이 특별히 높임 받으시는 일에 투자하고 싶다.

이 주제로 공부해 본 적이 없다면 앤디 스탠리(Andy Stanley)의 3부작 설교 시리즈인 "Crazy Like Us"(우리처럼 열광적으로, http://northpoint.org/messages/crazy-like-us/)를 들어 볼 것을 권한다.

돈과의 관계를 평가하는 작업을 내가 '영적 준비'라 칭하는 데는 이유가 있다. 당신이 앤디 스탠리가 말하는 교훈을 배운다면(설교가 세 편이므로 세 번의 데이트의 밤에 훌륭한 토론 주제가 될 것이다) 돈이 당신 부부를 갈라놓기는커녕 오히려 결혼 생활에 두고두고 긍정적 요인으로 작용할 것이다.

여기 영적 비밀이 있다. 후히 베풀면 받는 쪽보다 베푸는 쪽이 더 복을 받는다.

돈 문제는 결혼을 파경으로 몰아가는 주된 요인이다. 따라서 관계의 현 단계에서 당신과 약혼자가 몇 시간을 들여 자신의 마음과 성경을 살펴보고, 하나님이 허락하시는 자원의 지혜로운 청지기가 되기로 계획하는 것은 현명한 투자다. 다가오는 결혼식을 기점으로 돈과의 관계를 새롭게 하라.

예수님은 돈을 아주 중요하게 여기셔서 그토록 많이 언급하셨다. 그렇다면 당신도 그만큼 중요하게 여겨서 이 주제에 대한 그분의 가르침을 찾아보고 왜 그분이 돈과의 관계를 강조하셨는지 알아야 한다.

Soul Food

하나가 되려면
재정 사용에 대해
자주 대화해야 한다.

짝꿍과 함께 차를 마시며

- 시간을 내서 돈이 당신을 지배하는 방식에 대해 서로 대화해 보라. 생전 생각조차 해 본 적이 없을지도 모른다. 그 문제가 당신을 해로운 상태로 몰아갈 수도 있다. 기도로 하나님과 대화하는 가운데, 주님께 돈과 관련된 진짜 동기와 내면의 문제를 서로 끌어내도록 도와 달라고 구하라.

- 두 사람은 어떻게 돈과의 관계를 더 깊이 생각해 볼 수 있겠는가? 작정하고 앤디 스탠리의 설교 시리즈를 시청하겠는가? 데이브 램지(Dave Ramsey)의 재정평화학교(Financial Peace University) 같은 기독교적 재정 프로그램을 수료하는 게 더 좋겠는가? (국내에서 개설되는 재정 관련 세미나를 알아보거나, 그리스도인의 재정관리에 대한 책을 찾아 읽어보는 것도 좋다.)

- 이 주제를 좀 더 공부하고 나서 결혼 첫 해 몇 가지 재정 목표를 어떻게 세울 수 있을지 토의해 보라. 저축 규모와 헌금 액수 내지 비율을 정할 수도 있고 빚을 청산할 계획을 세울 수도 있다. 돈 때문에 둘의 사이가 갈라질 게 아니라 함께 돈을 책임지고 관리하기로 결단하라.

하늘에 계신 아버지여, 다가오는 결혼을 계기로 재정 관리에 대한 부분을 깊이 인식하고 공부하게 하소서. 돈에 대한 우리의 두려움과 동기와 신념을 이해하도록 도와주시고, 돈을 사용하고 저축하고 헌금하는 법에 관한 한 주님과 주님의 진리를 존중하는 마음을 주소서. 예수님의 이름으로 기도합니다. 아멘.

다시
배고파질 때
30

"죽음이 우리를 갈라놓을 때까지 그리하겠습니다."

어느 저녁 헬스장에서 열심히 운동하고 집에 오니 아내가 맛있는 식사를 준비해 놓았다. 8시 15분쯤이었으니 저녁 식사가 좀 늦은 데다 운동이 고되어서 더 허기졌다.

식사는 안성맞춤으로 훌륭했다.

이튿날 아침에 일어나 한동안 일하다가 다시 달리러 나가려는데 약간 힘이 빠졌다. 배가 고팠다. 전날 밤 나무랄 데 없이 잘 먹었는데 왜 다시 배고파야 할까?

11시간 전 든든히 먹었다 해서 다시 배고파지지 않는 것은 아니다.

당신은 영적으로 결혼을 준비하고자 이 책을 읽었다. 둘이서 지혜롭게 혼전 상담을 받으며 관계의 여러 주된 이슈를 다루는 중일 수도 있다. 이런 일을 통해 서로가 좀 더 가깝게 느껴짐은 당연한 일이다. 두 사람은 이런 양분을 '먹고' 관계가 자라 간다.

그러나 관계가 더는 양분이 필요 없는 상태에 도달할 수는 없다. 아무리 수십만 원짜리 정찬을 즐겨도 일주일 내내 배부를 수 없음과 마찬가지다. 부부 관계에 양분을 그만 주면 한쪽이나 양쪽 다 다시 배고파진다.

성경은 옳은 일을 꾸준히 계속해야 함을 강조한다. "우리가 선을 행하되 낙심하지 말지니 포기하지 아니하면 때가 이르매 거두리라"(갈 6:9).

'거두'려면 옳은 일을 **계속하며** 끝까지 노력해야 한다. 당신은 단지 기혼자가 되기로 선택하는 게 아니라 배우자 노릇을 **하기로** 선택하는 것이다. 그러려면 "죽음이 우리를 갈라놓을 때까지" 매일 부부 관계에 양분을 주어야 한다. 혼인 서약은 함께 살 뿐만 아니라 서로 더 가까워지겠다는 약속이다. 배우자의 정당한 기대대로 당신은 예식이 끝나는 순간부터 둘의 관계를 삶의 최우선에 두어야 한다. 결혼식 날 당신이 "예"라고 답하는 헌신은 현재형으로 끝나지 않고 남은 평생 미래형으로 **계속된다.**

이게 의무라기보다는 초대로 느껴졌으면 좋겠다. 운동이 늘 편하지는 않지만, 내가 굳이 운동하는 이유는 하루의 나머지 23시간이 더 좋아지기 때문이다. 에너지와 기쁨은 늘어나고 스트레스는 줄어든다.

마찬가지로 부부 관계에 양분을 주면 영혼 깊이 자족의 강물을 붓는 것과 같다. 일터의 좌절도 비중이 약해지고, 다른 인간관계의 마찰도 쓴맛이 덜해지고, 몸의 병도 더 견디기 쉬워진다. 결혼 생활이 행복하고 소통이 잘되면 삶 전체가 더 즐거워진다. 산마루는 더 재미있어지고 깊은 골은 덜 답답해진다.

결혼 생활이 늘 '일'처럼 느껴지는 것은 아니지만, 어쨌든 힘쓰면 (결국에는) 항상 보상받는다. 부부간의 친밀함과 소통에 투자하면 비용보다 수익이 훨씬 크다. 이렇게 생각해 보라. 헌신의 대가로 당신은 평생의 웃음, 뜨거운 성관계, 영혼의 대화를 얻는다! 헤아릴 수 없이 많은 식사를 함께하고, 서로의 꿈을 경청하고, 어쩌면 자녀도 함께 기른다!

이제 더는 이런 의문이 필요 없다. '나를 사랑해 줄 사람을 찾을 수 있을까?' '저 사람과 결혼하면 어떨까?' 마침내 당신은 현실 속에 살아간다. **가상**의 의문에 소비되던 모든 에너지를 이제 **현실**의 삶에 투입한다. 남은 평생 당신의 우선순위는 훨씬 단순해진다. 하나님이 첫째이고 배우자가 둘째이며 나머지는 전부 셋째 자리를 놓고 경합한다.

배우자감을 찾던 시절은 끝나고 새로운 삶이 시작된다. 그 삶에는 친밀함과 기쁨과 도전과 목적이 있다.

"죽음이 우리를 갈라놓을 때까지 그리하겠습니다."

이 말이야말로 당신의 평생에 가장 위력적이고 생명력 있고 감격스러운 서약이다.

Soul Food

결혼식 날 당신이 "예"라고 답하는
헌신은 현재형으로 끝나지 않고
남은 평생 미래형으로 계속된다.

짝꿍과 함께 차를 마시며

◆ 지금까지 두 사람의 관계에 가장 양분이 되었던 것 두세 가지는 무엇인가? 앞으로도 똑같이 하기로 헌신하겠는가?

◆ 약혼 단계에는 못하지만, 결혼 후에는 허락되어 관계에 계속 양분을 줄 수 있는 새로운 일들은 무엇이겠는가?

◆ 시간을 들여 관계를 가꾸고 양분을 주면 결국 어떻게 더 행복해지는지 토의해 보라. 일처럼 보일 수 있으나 결국 어떻게 보상이 더 큰지 말해 보라.

하늘에 계신 아버지여, 주님이 지으신 이 놀라운 세상에는 추구할 만한 선한 일이 너무도 많습니다. 그러나 제 마음을 지켜 주셔서 그 무엇도 주님과의 관계와 그다음으로 장래의 배우자와의 관계보다 앞세우지 않게 하소서. 날마다 헌신적으로 부부 관계에 양분을 주게 하소서. 지치거나 냉담해지지 않게 하소서. 제가 들어서려는 이 관계에 남은 평생 양분이 필요함을 압니다. 예수님의 이름으로 기도합니다. 아멘.

결혼식 당일의 묵상

신부 편 | 신랑 편

결혼식 당일의 묵상

신부편

당신이 어린 소녀였을 적부터 하나님은 이날이 당신의 삶에 아주 특별한 하루가 될 것을 아셨다. 새로운 가정이 시작되어 두 사람이 새로 하나를 이룰 것을 그분은 아주 기쁘게 경축하며 고대하셨다.

오늘은 희열에 찬 거룩한 날이다!

틀림없이 당신은 몇 달 동안 최적의 드레스와 귀걸이와 신발을 골랐다. 당신은 이날이 특별하기를 원하고 자신이 무한히 아름다워 보이기를 원한다. 그렇게 한껏 성장(盛裝)한 모습으로 아내가 되려고 입장할 때 이를 본 신랑의 입에서 탄성이 터져 나오기를 원한다.

당연하다.

그러나 아주 특별한 이날 기억해야 할 게 더 있다.

구약의 선지자 예레미야는 하나님을 대변하여 이렇게 반

문했다. "처녀가 어찌 그의 패물을 잊겠느냐. 신부가 어찌 그의 예복을 잊겠느냐. 오직 내 백성은 나를 잊었나니"(렘 2:32).

결혼식 날 입장해야 할 신부가 드레스를 잊는 일은 상상할 수도 없는 일이다. 제일 중요한 준비물이 드레스다. 그런데 신부 입장을 앞둔 당신이 깜빡 잊고 드레스를 입지 않을 수 있겠는가?

예레미야의 말인즉 신부가 혼례 날 드레스 착용을 잊는 게 터무니없듯이 하나님의 백성이 함께하시는 그분을 잊는 것도 똑같이 터무니없다는 뜻이다. 단 한순간이라도 하나님을 의식적으로 기억하지 않고 산다는 것은 그 정도로 상상 밖의 일이라야 한다.

당신이 결혼식 당일에 이 글을 읽고 있다면(그러기를 바란다) 평생 한번뿐인 이날 몸의 옷차림뿐 아니라 영적으로도 준비되려는 그 마음이 장하다. 아름다운 드레스를 입고 보석으로 꾸미는 동안 겸손, 하나님을 경외함, 그분을 기억함 같은 영적 장신구도 함께 달기를 바란다.

신부 입장을 준비할 때도 겸손의 옷을 입어라. 당신은 하나님의 사랑받는 딸이지만 그래도 약간 겸손해지라. 당신이 자격이 없어서가 아니라 그만큼 이게 황송한 선물이요 헌신이기 때문이다. 한 남자가 세상 모든 여자를 두고 당신을 택해 자신의 삶을 송두리째 내주려는 참이니 말이다. 곁을 지켜 줄 남편, 함께 자녀를 기를 수 있는 남자, 함께 웃고 때로 함께 웃을 수 있는 동반자를 주신 하나님께 감사하라.

잠시 후 서약할 내용을 당신의 힘으로는 지킬 수 없음을 겸손히 인정하라. 성령이 없이는 당신은 성경에 명한대로 무조건적으로 사랑할 수 없다. 마음속으로 계속 하나님을 예배해 입에서 정말 이런 고백이 터져 나오게 하라. "하나님, 신부로 입장해 그렇게 전폭적으로 헌신하려면 제게 이 드레스보다도 성령님이 더 필요합니다." 그리고 참으로 그렇게 믿으라.

이날은 하나의 예배 행위다. 하나님께 새삼 의존하고 그분의 공급을 새삼 인식하라는 새로운 부름이다. 예레미야서에 보면 하나님은 "내가 너를 모태에 짓기 전에 너를 알았고 네가 배에서 나오기 전에 너를 성별하였고"(렘 1:5)라고 말씀하셨다. 하나님은 당신의 정체와 외모와 성격을 구상하셨고, 땅의 통치자(창 1:28)와 아내(창 2:18)와 엄마(창 1:28)가 될 역량도 주셨다. 처음부터 그분은 당신이 누구와 사랑에 빠져 결혼할지를 아셨다. 이날은 온통 그분 덕분에 존재한다. 그러니 그분을 잊지 말라. 입술로 그분을 고백하고 마음 가득 그분을 찬송하라. 혼인 서약도 성령께서 주시는 용기로 하라.

앞쪽에 서서 당신을 기다리는 신랑을 보며 예배와 기도의 마음으로 입장하라. 이제 곧 받으려는 선물을 인해 하나님께 감사하라. 잠시 후 서약할 내용에 합당하고 충실하게 해 달라고 그분께 간구하라. 지금이야말로 당신의 인생에서 가장 황홀하고 의미심장한 시간 중 하나다. 매 순간 속에 하나님을 충만하게 모시라.

　가장 특별한 이날에 하나님을 망각하느니 차라리 웨딩드레스를 깜빡 잊어 운동복을 빌려 입고 입장하는 게 낫다. 신랑과 함께할 새로운 삶을 향해 한 걸음씩 내디딜 때마다 하나님을 중심으로 생각하라.

결혼식 당일의 묵상

신랑편

　잠시 후면 당신은 남자의 일생에 가장 잊지 못할 순간 중 하나를 경험할 것이다. 당신의 아내가 되려고 식장에 들어오는 아름다운 신부를 바라보는 일이다. 하나님이 시간을 멎게 해 주시기를, 그리하여 당신이 평생 한번뿐인 이 순간을 가슴 깊이 새기고 늘 기억하기를 기도한다.

　신부의 모습을 눈으로 마음껏 음미하는 동안, 이날을 가능하게 하신 자비롭고 후하신 사랑의 하나님께도 생각의 자리를 내어 드리라. 당신이 어린 소년이었을 적부터 그분은 이날을 고대하셨고, 장성한 당신이 이 여자를 평생의 동반자로 택할 것도 아셨다. 그래서 당신과 함께 기뻐하시고 행복해하신다. 그분은 당신이 이 즐거운 날을 그분의 선물로 받고 앞으로의 결혼 생활도 최대치로 누리기를 원하신다.

　하나님은 곁다리로 밀려나기를 원하지 않으신다. 마치 존재하지 않으시는 양 망각되기를 원하지 않으신다. 구약의 선지자 예레미야를 통해 그분은 자기 백성에게 이렇게 뜨끔하게 도전하신다. "처녀가 어찌 그의 패물을 잊겠느냐. 신부가 어찌 그의 예복을 잊겠느냐. 오직 내 백성은 나를 잊었나니"(렘 2:32).

즉석 결혼식이나 격의 없는 결혼식을 택하는 커플들도 있으나 신부라면 대부분 이 중요한 날에 무엇을 입을지는 심사숙고한다. 오늘 아침 당신의 신부가 잠에서 깨어나 "참, 결혼식장에 무엇을 입고 가지?"라고 혼잣말하는 게 상상이나 되는가?

하나님의 백성이 그분을 잊는 것도 그만큼이나 황당하다고 예레미야는 말한다. 있을 수 없는 일이라는 것이다!

신부에 비유하기는 했으나 예레미야는 신랑에게도 얼마든지 이렇게 말했을 법하다. "잠시 후면 당신에게 손을 내줄 한없이 아름다운 여인, 그 여인을 하나님이 창조하셨음을 망각하느니 차라리 속옷 차림으로 서서 신부 입장을 맞이하는 게 낫다."

신부의 미소는 하나님에게서 왔다.

신부의 웃음도 하나님이 완벽하게 조절하셨다.

신부의 보드라운 피부와 취할 듯한 신비도 다 그분이 구상하셨다. 모든 신랑이 식장에 들어서는 눈부신 여인에 매혹되어 이렇게 기도한다면 얼마나 좋을까.

"주님, 여태 주님이 제게 주신 복을 다 헤아릴 수 없습니다. 놀라운 복이 그토록 차고 넘치건만 이 복은 그 모두를 능가합니다!"

결혼식이 진행되는 동안 마음속으로 하나님을 예배하지 않는다면 당신은 주의를 기울이지 않는 것이다.

합당한 겸손으로 예식을 시작하라. 나는 당신이 훌륭한 남자라고 확신한다. 이 책을 읽었을 만큼 의식이 대단한 데다 결혼식 당일에까지 챙겨서 읽고 있지 않은가! 그러나 아무리 훌륭할지라도 누구도 정말 배우자의 헌신을 '당연시할' 자격은 없다. 결혼의 헌신이란 죽음이 갈라놓을 때까지 한 인간이 당신과 함께하고 당신에게 충실하여 삶의 희로애락에 직면하고 자신의 소망과 꿈과 몸과 시간을 당신에게 내주겠다는 헌신이다. 그 정도면 가히 놀랄 만한 헌신이다.

나는 왜 이렇게 하나님을 이 축제의 중심에 모셔야 함을 강조하는가? 30년 넘게 혼인 서약에 충실하려고 애쓴 한 남자로서 말하거니와, 당신이 이 여자를 사랑하되 하나님이 명하신 대로 하려면 반드시 그분이 필요하다. 우리 남자들은 그리스도 없이는 그리스도처럼 사랑할 수 없다. 어쩌면 이전 어느 때보다도 앞으로 더 하나님이 당신의 삶 속에 주역으로 역사하셔야만 한다.

이날이 후딱 지나가 버리기 전에 마음을 잠깐 정지시켜, 친히 당신의 어깨에 손을 얹으시고 이렇게 속삭여 주시는 하나님을 상상해 보라. "아들아, 너는 할 수 있다. 내가 너를 통해 네 아내를 사랑하지 않을 시간은 네 결혼 생활에 일분일초도 없을 테니 말이다. 늘 내 곁에서 내 음성을 들어라. 그러면 거룩하게 성화된 신성한 결혼의 한가운데에 실로 풍성한 삶이 있음을 내 너에게 보여 주리라."

턱시도를 입으면서 다음 진리에 흠뻑 젖어 들어라. 즉 이날은 당신의 일생에 가장 중대한 날 중 하나니 감사와 겸손과 예배와 소망과 감격으로 맞이하라.

주

1. 결혼의 기쁨을 경축하며
1. Gary Thomas, *Sacred Marriage*, 개정판 (Grand Rapids: Zondervan, 2015), 13. 《결혼, 영성에 눈뜨다》좋은씨앗 역간)

2. 하나님의 발상
1. Martin Luther, "The Estate of Marriage," *Luther's Works*, 제45권, Walther L. Brandt 편집 (Minneapolis: Fortress, 1962). 다음 책에 전재되었다. Dana Mack & David Blankenhorn 편집, *The Book of Marriage: The Wisest Answers to the Toughest Questions* (Grand Rapids: Eerdmans, 2001), 368~369.
2. Mack & Blankenhorn, 371.

3. 종착지가 아니라 여정이다
1. C. S. Lewis, *Letters to Malcolm, Chiefly on Prayer* (New York: Mariner Books, 2016), 76. 《개인 기도》홍성사 역간)

13. 거짓말을 믿지 말라
1. William Gurnall, *The Christian in Complete Armour: A Treatise of the Saints' War Against the Devil*, 제1권 (London: Blackie

and Son, 1865), 94. 원문을 내가 풀어 썼다. 《그리스도인의 전신갑주1》CH북스 역간)

15. 다른 영혼을 유혹하는 죄
1. Clarence Macartney, *Sermons from Life* (Nashville: Cokesbury Press, 1933), 155.

21. 가장 높은 자리
1. John Wesley, "The Duties of Husbands and Wives." 다음 책에 인용된 설교다. Doreen Moore, *Good Christians, Good Husbands? Leaving a Legacy in Marriage and Ministry* (Roo-shire, UK: Christian Focus Publications, 2004), 24~25. 《신실한 크리스천은 모두 신실한 남편인가?》미션월드 역간)

22. 병 들었을 때나 건강할 때나
1. 이번 묵상에 소개된 모든 편지글은 다음 자료에 인용되어 있다. "The Love of Charles and Susannah Spurgeon," Church History Timeline, Christianity.com. http://www.christianity.com/church/church-history/timeline/2001-now/the-love-of-charles-and-susannah-spurgeon-11633045.html.
2. 같은 자료.

감사의 말

초고와 교정본을 읽고 평해 준 앨리 세풀베다, T. W. S. 헌트, 메리 케이 스미스, 앤드리아 퍼킨스, 켈시 토마스, 리자 토마스에게 감사하고 싶다.

존더반 출판사의 데이비드 모리스(이런 발행인만 있다면 모든 작가에게 큰 복이 될 것이다), 크리스틴 패리시, 르네 차베즈, 마이클 올리시오, 팀 마셜, 맨디 윌슨, 해나 캐넌에게 감사한다.

놀라운 공동체인 텍사스주 휴스턴 제이침례교회를 인해 하나님께 매일 감사드린다. 집필 사역을 위한 교회의 지원과 협력은 늘 내 삶에 큰 기쁨이 된다.

끝으로 내 저작권 대리인인 마이크 솔즈베리와 커티스 예이츠에게 감사를 보낸다. 둘 다 함께 섬기는 참된 친구요 주 안의 형제다.